江戸っ子の食養生

車 浮代

ワニブックス
|PLUS|新書

はじめに

「まるでユートピア」

江戸時代の末期、外国から江戸にやってきた人たちは、そう驚いたといいます。

町並みは素朴だけれども一幅の絵のように美しく清潔で、男も女もみなが幸せで満足そうに見える。子どもたちは目を輝かせ、底抜けに陽気で、よく笑い、親から愛され、なんの不満もないように感じられたといいます。

「日本ほど子どもを大切にする国はない。ここは子どもの天国だ」

「貧乏人はいるが、貧困なるものは存在しない」

などの言葉を残した外国人もいました。

その美しいユートピアが、自分たちのせいで近い将来に破壊され、西洋の秩序や価値観に塗り替えられていくことを残念に思い、はるばる海を越えてやってきたことをひそかに後悔した人もいた、と伝えられています。

また、町の男たちは筋肉質で引き締まった体をし、女たちは自らの性的魅力を抑え込むことなく、開放的でおおらかでした。しかも文化が驚くほど発展し、知的レベルが高く、好奇心に満ち、裏長屋の子どもたちも、しつけを重視した教育を受けていました。これが幕末、外国人から見た私たちの祖先の姿です。大人も子どもも幸福度の高いユートピアのような世界が、日本には確かにあったのです。

そうした江戸っ子の健康で豊かな心身を支えたものは、なんだったでしょうか。

毎日の食事。一つはここにあることは、間違いありません。**生命の根幹は食にあり、体や脳の健康を増進させるのは、食事からとり込む栄養素やエネルギーです。**

江戸の料理や文化を研究し、時代小説を書いていると、江戸の食の知恵に驚かされることばかりです。江戸っ子にとって食とは、日々の楽しみであり、健康長寿のためであり、いかに安くおいしいものを食べるかという倹約のためでもありました。

この言葉だけを見れば、現代人の食に対する考えと合致するところです。ですが、食べるもの、そして食べ方がまるで異なります。

江戸料理の特徴は、

◎冷蔵庫がない＝旬の素材を、今日食べる分だけ買って食べる→**新鮮、栄養豊富、エコ**

◎燃料費が高い＝料理に時間をかけない→**栄養素を壊さない、時短レシピが多く簡単**

◎料理法は切る・焼く・煮る＝油をほとんど使わない→**ダイエットによい、ヘルシー**

◎4つ足食の禁止＝肉をあまり食べず、食べたとしても少量→**がん予防、胃腸に優しい**

この4つに集約されています。

飽食の現代、私たちは江戸っ子の食に見習うところが多いと感じます。

食べ過ぎ・飲み過ぎが病気をつくり、化学合成品を多く使った加工食品が健康を害する危険性が問われています。栄養バランスの悪い食事は心身の疲れを招き、「キレやすい心」「イライラしやすい心」をつくります。その悪影響は子どもたちにも及び、学力の低下だけでなく、発達障害にも関与している、と考えられます。これらは、今の日本の社会問題にもなっている点です。

現代のわが国は、「ユートピア」というには、はるか遠いところまで来てしまいました。ですが、私たちが今日からできることはあります。もっとも簡単に始められることは、

江戸っ子の食養生の知恵を学ぶことです。食養生とは、食事で病気を防ぎ、健康を増進すること。それができたならば、心と体にどれほどのメリットがあるでしょうか。

従《よ》って、江戸流の食事の基本を知り、ほんの少し軌道修正するだけで、心身の健康によく、経済的な食事をとることができるのです。

しかも、江戸料理のよいところは、「さ（酒／砂糖、みりんを含む）、し（塩）、す（酢）、せ（醤油）、そ（味噌）」の基本調味料だけでつくれるうえ、手間も時間もかけず簡単にできて、栄養バランスがよいこと。忙しい現代人に最適な料理の手法です。

では江戸っ子は、具体的にどのような食事をしていたのでしょうか。

次ページに「江戸の膳」を掲載します。その膳の中身を、「江戸っ子の教え」として一つ一つ本文でお話ししていくことにしましょう。

素材の味わいを楽しむ料理の中に、江戸の粋や息吹を感じとりながら、今日からの心身の養生に本書を活かしていっていただけたならば、幸いです。

車　浮代

江戸の食卓

一　白米（15頁〜）

二　漬け物（47頁〜）

三　味噌汁（73頁〜、101頁〜、125頁〜）

四　主菜（155頁〜）

五　副菜（191頁〜）

六　お酒（217頁〜）

はじめに……3

江戸っ子の教え「その1」……15

白米を〝元気の源〟にする

1日5合の白米がエネルギー源？……16
肥満や糖尿病の〝犯人〟は本当に白米？……17
暮らしそのものが〝運動〟だった……20
日本人はお米を食べてダイエット……22
1日3食の食習慣は「明暦の大火」がきっかけ……25
一汁一菜は、銀シャリをおなかいっぱい食べるため……27
江戸っ子の健康のカギは冷や飯にあり……29
江戸っ子の糞尿はお金になった……31
冷や飯は究極の腸活食……33
食事の1時間前が腸活のポイント……35
ぶっかけ飯は江戸っ子の立派な養生食……37
冷や飯をおいしく食べる江戸っ子の知恵……40
趣向を凝らせばお茶漬けもごちそうに……41

新選組のおなかを満たしたお茶漬け……44
【コラム】江戸こぼれ話① 明暦の大火の真相はいかに……46
江戸っ子の教え「その2」……47

「糠漬け」「米のとぎ汁漬け」で万病を防ぐ

白米の食べ過ぎで「江戸わずらい」が流行……48
江戸っ子を脚気から救ったのは、糠漬け……50
糠漬けで新型コロナの予防に期待……52
江戸っ子の定番は、真桑瓜の糠漬け……55
江戸時代、胡瓜は人気のない野菜だった……59
米のとぎ汁は捨てるべからず……61
腐敗を防ぎ、健康作用を高める乳酸菌の力……63
薬味の便利な保存法……66
■便利！ おいしい！「米のとぎ汁漬け」のつくり方
糖尿病・肥満の予防に役立つ「長芋とオクラのとぎ汁漬け」……71

江戸っ子の教え「その3」…… 73

「豆腐」「納豆」でスタミナをつける

コンビニより便利だった「棒手振り」…… 74
ひもじい子どもたちを救った『豆腐百珍』…… 76
江戸庶民に人気ナンバーワンの倹約料理「八杯豆腐」…… 80
食べる手が止まらなくなるアイデア豆腐料理 …… 82
■江戸っ子のソウルフード「八杯豆腐」
■「八杯豆腐」をアレンジした「三白鍋」と「山かけ豆腐」
■江戸っ子も重宝した時短レシピ「雷豆腐」
■今でいう豆腐ステーキ「石焼き豆腐」
イベントには欠かせなかった「豆腐田楽」…… 86
納豆が持つ整腸作用と解毒作用 …… 90
■江戸っ子のファストフード「豆腐田楽」
江戸っ子の元気を養った「スタミナ納豆汁」…… 94
「おから」は倹約によし、健康にもよし …… 96
■おからでつくる精進料理「狸汁」
■鯛を江戸流にいただく「浅茅紅魚《あさぢたい》」

【コラム】江戸こぼれ話② 江戸の女はたくましい …… 100

和食の神髄「旨味」も、江戸っ子は「よい加減」

江戸っ子の教え「その4」 …… 101

命を養う食から、浮世を楽しむ食へ …… 102
フランスより先にできた、江戸のレストラン …… 104
旨味が日本人を「黄金の舌」の持ち主に育てた …… 107
祝い事のお吸い物の具が蛤のわけ …… 109
出汁をとらずとも、和食はつくれる …… 112
江戸っ子の味噌汁は、出汁いらず …… 115
■腸活と美容に最高「きのこのとぎ汁漬け」
火を使わず、水出しで出汁をとる …… 119
焦がし味噌汁で最高に幸せなひとときを …… 121

「味噌」「醤油」で体の毒を出す

江戸っ子の教え「その5」 …… 125

毒出しこそ健康長寿の秘訣 126
世界一の長寿を支える味噌のすごさ 129
味噌汁が鎌倉武士の原動力に 131
戦国武士たちが兵糧にした「味噌玉」 133
家康がつくらせ、大戦で消えた「江戸甘味噌」 136
毎日の味噌汁ががんを防ぐ 138
味噌汁を飲むと高血圧予防になる 140
忙しいときの簡単味噌汁のつくり方 142
江戸っ子は、味噌漬けで食材を保存していた 145
■チーズのような濃厚さ「味噌漬け豆腐」
■旨味が凝縮！「鱈の西京焼き」
濃口醤油が江戸料理の肝に 148
蕎麦と天ぷらは別の屋台のメニューだった 150
幻の調味料「煎酒」のつくり方 152
江戸っ子の教え「その6」 155

「魚」で体をつくり、「肉」「卵」で滋養をつける

1日に1億円が動いた江戸の魚河岸……156
初鰹を食べると寿命がのびる……159
■からし醤油でおつな味「江戸流鰹のたたき漬け」
■鰹の臭みを上手に消して「霜降り鰹」
今は高価、江戸では畑の肥料「大トロ」……164
■鮪の地位を上げた究極の「ヅケ丼」
■昔は倹約料理、今は高級料理「鮪から汁」
江戸っ子に愛された下魚「鰯・秋刀魚」……168
■鰯の脂がおからに染み込む「鮓烹《すしに》」
■美肌効果の高い美容食「秋刀魚わた焼き」
冬が旬の鰻を、夏の食べものにした天才コピーライター……172
江戸前の鰻は脂が多く、超ジャンボ……174
肉は「薬喰い」してこそ滋養になる……178
江戸料理でSDGsの実践を……181
卵は1個400円もした！……183
江戸で人気の「卵ふわふわ」と「卵の黄金漬け」……186
■西郷さんも近藤さんも愛した「卵ふわふわ」
■熱々ご飯にぴったり「卵の黄金漬け」

江戸っ子の教え「その7」

「野菜」で腸の働きを活発にし、老化を防ぐ

…… 191
江戸っ子は「一番」がお好き …… 192
江戸でもっとも粋な野菜「小松菜」…… 194
■江戸っ子の定番倹約料理「小松菜浸しもの」
■火を使わず風味豊かに仕上げる「菜飯《なめし》」
庶民の味方「大根」に薬効あり …… 198
「里芋」は子孫繁栄を祈願する縁起物 …… 202
■大根の魅力を再発見「揚げ出し大根」
■磯の風味豊かな一品「大根の青のり和え」
「芹」は数少ない日本原産の野菜 …… 205
■芹の香りを存分に味わう「芹と鶏肉の小鍋仕立て」
■冷や飯をおいしく食べる「芹根飯」
漢方薬にもなり精もつく「ごぼう」…… 210
■精がつくご馳走レシピ「ごぼうと鴨の煎りつけ」
■山椒の辛味が食欲をそそる「叩きごぼう飯」
【コラム】江戸こぼれ話③「しおらしい」は「塩が欲しい」が語源 …… 216

江戸っ子の教え「その8」 217

「酢」と「日本酒」で食を豊かにしつつ、感染症も予防

せっかちな江戸っ子が生んだ「握りずし」 218
握りずしを発展させた料理人の知恵 219
「粕酢」の誕生で握りずしが庶民にも広がった 222
「酢」「白味噌」「練り胡麻」でつくる和え衣 225
キレる心の裏には、ミネラル不足も 228
練り胡麻と白味噌で和食はもっとおいしくなる 231
品質の低い日本酒をおいしく飲む方法 234
日本酒には新型コロナの働きを抑制する成分が豊富 237
お酒を「百薬の長」にする飲み方 239

おわりに 242

注　本書では、1文25円、1両10万円で現在の貨幣価値に換算しています。

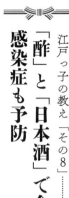

江戸っ子の教え「その1」

白米を〝元気の源〟にする

1日5合の白米がエネルギー源？

江戸の食というと、「粗食」のイメージを持つ人も多いでしょう。

たしかに江戸っ子の食習慣は、一汁一菜が基本です。

一汁一菜とはご存じのとおり、主食のご飯と香の物（漬物）に加えて、汁物とおかずが一品ずつ。そこに野菜の副菜がつくこともありますが、現代人から見ると、「ちょっと寂しいな」と感じるかもしれません。

一方、飽食の時代である現代、過食こそが健康悪であり、「一汁一菜の粗食が健康によい」という意見もよく聞きます。

ですが、江戸料理を研究する私からいえば、江戸っ子の食事は、実に豊かなものでした。第一に、ご飯の量が違います。

江戸っ子の米好きは相当なもので、当時の成人男性は1日に5合もの米を食べていたといわれています。これは武士や富裕層だけの話ではなく、庶民も含めてのことです。

江戸時代は、武士の俸給は米で支給される「石高制《こくだか》」。そのため、江戸の需要を満たす米が全国から運び込まれていました。米はまさに経済の基盤であり、貨幣に匹敵する価値のある食べ物でした。

幕府や各藩は、家臣たちに給料として俸禄米を与え、残ったぶんを米問屋に売って収入源にしていました。米問屋は、町人たちにその米を売りさばきます。米の値段は、その年の収穫量によって変動するといっても、江戸にはお金を稼げる仕事が豊富にありました。「居候　三杯目には　そっと出し」という有名な江戸川柳がありますが、庶民でもまじめに働けば「お天道様と米の飯はついて回る」という土地柄だったのです。

しかも、江戸っ子が食べていたのは白米。玄米や雑穀米でなく、正真正銘の銀シャリでした。

肥満や糖尿病の〝犯人〟は本当に白米？

現在のご飯1膳の値段をご存知でしょうか。

超高級なお米ではなく、一般的なスーパーで買えるお米の値段から割り出した場合、お茶碗にふつうによそって、1杯だいたい30円くらいです。1日3杯食べても100円弱。これほど安価な主食はなかなかありません。

ふっくらと炊いた真っ白なご飯を口に入れ、その甘味を噛みしめたとき、「あぁ、日本人に生まれてよかった」としみじみ感じます。

ところが今、白米の〝地位〟が著しく失墜しています。理由は、「白米は太る」というもの。「太りたくない」との理由で、食べることを控える人が増えました。

また、糖尿病の予防と改善に糖質制限を実践する人も多くなりました。糖質制限とは、簡単にいうと、お米や小麦粉、砂糖など糖質の多い食品を除けば、あとは何を食べてもいい、という食事療法。糖質制限では、白米が真っ先に否定されるため、「白米は体によくない」というイメージがいつしか根づいてしまったように感じます。

現在、糖尿病は「国民病」の一つとされ、国民の5～6人に1人が糖尿病あるいはその予備軍とも推計されています。その一因として、「白米などの糖質のとり過ぎがある」といわれます。

しかし、1日に5合も白米を食べていた江戸の成人男性に、糖尿病はほぼなかったと見られています。

白米を控えめにしか食べない私たち現代人は、糖尿病を恐れ、1日に5合も白米を食べていた江戸っ子たちは糖尿病になっていない――。

そう考えると、はたして白米そのものが糖尿病の原因か、と疑わしくなります。

それとも、江戸っ子と現代人では、体質がまるで違うのでしょうか。そうではないと思います。同じ日本人、たかだか２００年程度で、人の遺伝子は変わりません。

最大の違いといえば、やはり運動量、そして筋肉量です。

幕末、欧米からやってきた外国人は、江戸の男たちの体が、足は短いものの、まるで黄金時代のギリシャ彫刻のようだ、と驚いたといいます。江戸で働く町人の男たちは、厚い胸板とたくましい筋肉で、黒光りする肌という立派な体をしていました。

そんなたくましくて美しい体のエネルギー源が、1日5合もの白米にあったのです。

暮らしそのものが〝運動〟だった

徳川家康が入城した1590年ごろの江戸は、湿地が多くて人が住みにくい土地でした。家も100軒ほどしかなかったそうです。

そんな湿地帯に城や城下町を築くには、人手がいくらあっても足りません。家康の家臣たちも自ら現場に出て汗を流すとともに、全国から作業員が集められました。やがて、新しい町で一旗揚げようという職人や商人も大勢やってきました。さらに、幕府が開かれると、参勤するようになった大名やその家臣たちも江戸に住み始めます。

こうしたことから、家康が江戸に入城して間もないころは、江戸の人口の8割ほどが男性でした。江戸時代初期の男女比は4対1、ようやく幕末に1対1になります。ただ、女性が増えていったといっても、商売女が多く、町娘やおかみさんという素人の「地女（じおんな）」は少ないままでした。

そのため、江戸の男性は独身者がとても多かったのです。

江戸には、実にさまざまな職業がありました。

町をつくる大工や左官などの職人はもとより、駕籠《かご》かき（かごをかついで人を運ぶ生業の人）や車力（荷車などを引き、荷物の運送をする人）、人足（力仕事に従事する人）など、体力勝負の仕事をする人も多くいました。

また、天秤棒をかついでさまざまなものを売り歩く棒手振《ぼてふ》りも大勢いました（男性だけでなく、女性もいました）。

馬丁《ばてい》（馬の世話を生業《なりわい》とする人）たちは、馬と速さを競うかのように、１日に何十キロも軽快に走り抜けました。江戸時代の道は、現在のように舗装されておらず、砂利道や凸凹した道、上り坂や下り坂もありました。そこを草鞋《わらじ》一つで走るのです。さまざまな筋肉を俊敏に使いこなして走る日常は、どんなにすばらしく体幹を鍛えたことでしょう。

商いを生業にする人も、武士も、よほど位の高い人物でなければ、どこにいくのも大抵は自分の足。特別な運動をしなくても、生活そのものが運動でした。

その活動源になったのが白米です。白米は、私たちの体内でブドウ糖に効率よく分解されます。ブドウ糖は、心身のあらゆる活動のエネルギー源です。人が元気にいきいきと活動できるのは、エネルギーが体内で産生されているからで、エネルギーが不足すれば疲労感が強まり、心もイライラしやすく、人生を楽しめなくなります。

そんな大事なブドウ糖ですから、体は消費できなかったぶんを脂肪などにかえて蓄えます。「白米を食べると太る」という仮説は、「白米を食べて、活動量が少ないから太る」というのが正しいいい方でしょう。

日本人はお米を食べてダイエット

現代的な暮らしでは、江戸っ子のように体を使うことはなかなかできません。

そうだとすると、やはり私たちは、白米は避けたほうが無難なのでしょうか。

「江戸っ子は、1日に5合もの白米を食べていました」と講演会などでお話をすると、みなさんとても驚かれます。「白米を食べると太りそうで、罪悪感があって食べられません」という人も大勢います。

しかし、最近の栄養学では、「日本人は、お米をしっかり食べたほうがやせやすい」

と報告されているのも事実です。

ダートマス大学のナサニエル・ドミニー博士の研究チームは、2007年に「アミラーゼ遺伝子」は民族によって違いがあると発見しました。アミラーゼとは、炭水化物（でんぷん）を分解して糖にする酵素で、主に唾液腺や耳下腺、膵臓から分泌されています。同研究チームは、世界のさまざまな民族の唾液を調べ、唾液中のアミラーゼ遺伝子を解析しました。

結果、日常的に炭水化物をあまりとらない民族は、アミラーゼ遺伝子の数が平均して4〜5個でした。これに対し、日常的に炭水化物を多くとる民族はその数が多く、日本人は平均で7個も持っていたということです。

アミラーゼ遺伝子が多いということは、炭水化物の分解の効率がよく、体が糖をスムーズに活用できます。また、アミラーゼ遺伝子が多い人ほど、炭水化物をとっても太りにくいと報告されています。

もう一つ、「お米を食べる罪悪感」を克服させてくれるデータがあります。

厚生労働省が公表している資料で、1950年と2010年のデータを比較してみてください。

◎1950年　国民1人1日あたりの摂取エネルギー……2098キロカロリー
このうち穀類エネルギー比率は77パーセント
炭水化物の1日量は418グラム、白米にしてお茶碗6杯以上
（茶碗1杯は精米で約65グラム）
◎2010年　国民1人1日あたりの摂取エネルギー……1849キロカロリー
このうち穀類エネルギー比率は43パーセント
炭水化物の1日量は258グラム、白米にしてお茶碗に4杯弱

いかがでしょうか。現代のほうが、終戦から5年後の日本より、摂取エネルギーも炭水化物の摂取量も、大幅に少なくなっています。

ところが、肥満者と糖尿病の発症数は、現代のほうがはるかに多くなっています。

こうしたデータを見ていると、肥満や糖尿病の直接の原因は、白米ではないと思えて

きます。そう気がついたら、江戸っ子のこんな声が聞こえてきませんか。
「病気になりたくねえ、太りたくねえ、なんぞといって、銀シャリばかり悪者にすんじゃねえよ。こんなにうまいものを食わねえなんて、人生損ってもんだぜ」

1日3食の食習慣は「明暦の大火」がきっかけ

江戸の人々が1日に3回食事をするようになったきっかけの一つは、なんと「火事」でした。

古来、日本人は1日2食がふつうでした。戦国武士など、体力を必要としていた一部の人たちは、体力をつけるために1日3食をとっていましたが、庶民は、朝早く起きてひと仕事を終えたあとに朝食をとり、仕事の合間に遅い昼食をとって、日が暮れたら寝るという生活スタイルでした。

一方、公家たちは、お昼くらいに朝食を、夕方4時ごろに夕食をとっていました。時間帯こそ違いますが、身分の上下に関係なく、1日に2食が一般的でした。

この生活スタイルに変化が起き、一般庶民の間でも1日に3食とる食生活が定着していくのですが、その大きなきっかけとなったのが、明暦3（1657）年1月18日から20日にかけて江戸を襲った「明暦の大火」です。

江戸城本丸をはじめ、多くの武家屋敷、400町とも800町ともいわれる町屋が焼け落ち、死者は11万人に及んだともいわれています。当時の江戸の人口はおよそ30万人。死者数だけを見ても、被害の甚大さがわかります。

大火後、町の復興のために、日本各地から大工や左官など大勢の職人が呼び集められました。肉体労働に従事する彼らは、1日2食では体が持ちません。そこで、正午過ぎにも食事をとるようになったのが、1日3食になったきっかけといわれています。

ただ、これはあくまでも一説。他の説によれば、戦国武士の1日3食の食生活が庶民に浸透していったのが、だいたい江戸中期、ということです。でも、発祥から浸透までに100年以上というのは、少々時間がかかり過ぎているようにも思います。

一方、物流がよくなり、照明油が広く出回るようになって、起きている時間が長くなったのも、1日3食になった大きな要因です。

夜なべ仕事や読書、夜遊びができるようになったため、当然、寝るのが遅くなり、1日の稼働時間も増えます。それによって、朝・昼・晩と3食とる生活スタイルが定着していきました。

現代、「健康のためには1日3食とることが大事」という人がいれば、「1日1食の小食が長生きの秘訣」という人もいて、迷うことも多いですが、日本人が1日3食とるようになったのは、「健康のため」というより、「大火が江戸の町を焼きつくし、照明油が普及したから」。そうとわかれば、あんまり細かなことに縛られず、自分にあったスタイルを選ぶのがよいように感じます。

一汁一菜は、銀シャリをおなかいっぱい食べるため

江戸時代、燃料は貴重品でした。当然のことながら、今のように炊飯器もなければ、手軽に温められる電子レンジなどの電化製品もありません。竈《かまど》に火をおこすだけでも大変な作業でした。

しかも、江戸の庶民が暮らした長屋は、標準サイズで9尺2間。つまり、間口が9尺（2・7メートル）で、奥行きは2間（3・6メートル）という狭さ。1軒につき6畳ほどしかありません。

ですから、台所もコンパクト。土間に2つ口の竈《かまど》と、平たい木の箱に排水の穴と脚がついた小さな流し、その横に井戸から汲んできた水をためておく甕《かめ》を置いたら、もういっぱいです。

そんな台所では、ご飯を炊いて、味噌汁をつくる以外に、おかずをこしらえる余地はありません。七輪《しちりん》で外で魚を焼くくらいはしましたが、その七論は長屋の2〜3軒で1個を貸し回すのがふつうでした。こうした事情もあり、日常の食事は手間暇をかけず、合理的においしく食べる方法が工夫され、発達していきました。

ご飯を炊くのも1日に1回だけ。上方は昼に炊きましたが、江戸では朝に1日分をまとめて炊きました。料理をしてくれる女手のない独身男性は、近所のおかみさんに有料で自分の分もつくってくれるよう頼むか、なかには料理男子もいたことでしょう。

お釜で炊いたばかりのご飯は、それだけでご馳走ですから、朝は茶碗に大盛りによそってそのまま食べました。献立は、ご飯のほかに熱々の味噌汁、漬物、納豆、煮豆などが定番。銀シャリをおいしく食べられて、味噌汁があって、漬物があれば、おかずはあれば食べるし、なければそれでいい、とさほどこだわらなかったようです。

保存性を高めるため、おかずや漬物は今より塩気が強かったので、一汁一菜でも十分ご飯が食べられたのです。

江戸の朝炊きが一般的になったのも、銀シャリのため。仕事に弁当を持っていく人が多かったからです。弁当の主役は白米でつくった握り飯。そのためにも、朝、炊きたてのふんわりとしたご飯が必要だったのです。

江戸っ子の健康のカギは冷や飯にあり

１日に５合もの白米を食べ、ギリシャ彫刻のように筋骨隆々の体をしていた江戸っ子たち。彼らの食養生のカギの一つは、「白米の食べ方」にあった、と私は考えています。

その食べ方とは、昼と夜に食べる冷や飯。この冷や飯こそが、江戸っ子の食養生の大きなポイントです。

冷や飯の健康効果について研究されているのは、文教大学教授で管理栄養士の笠岡誠一先生です。

笠岡先生は著書『炭水化物は冷まして食べなさい。』（アスコム刊）にて、冷や飯の健康効果について、非常に簡潔にわかりやすく解説されています。

米などの炭水化物は、簡単にいうと「炭水化物＝糖質＋食物繊維」と表されます。

ただ白米は、玄米から糠や胚芽をとり除いているぶん、食物繊維の量が減っています。それでも、100グラムの中に0・5グラムの食物繊維は含まれています。

しかも、米には「レジスタントスターチ」という難消化性のでんぷんが含まれます。レジスタントとは「消化しにくい」という意味で、スターチは「でんぷん」の意味。このレジスタントスターチは、「糖質でありながら、食物繊維と同じか、それ以上の働きをする」と笠岡先生は伝えています。

食物繊維には、水溶性と不溶性という2つのタイプがあります。腸の働きにはどちらの食物繊維も不可欠ですが、レジスタントスターチは両方の食物繊維の働きをするとのこと。そのため、米をしっかり食べていると、効率よく腸内環境を整えていくことができます。

このレジスタントスターチ、なんと、炊きたてのあつあつご飯より冷や飯のほうが1・6倍も多くなる、とのこと。

レジスタントスターチの存在が発見されたのは、1980年代。江戸っ子は、その健康作用を知らないながらも、冷や飯を日常的に大量に食べることで腸活を実践していたのです。

江戸っ子の糞尿はお金になった

冷や飯が腸活によいのは、江戸っ子の糞尿にまつわる逸話からもうかがい知れます。

江戸時代、糞尿は貴重な肥料となりました。幕府や大名屋敷の糞尿は「きんばん」と呼ばれ、江戸近隣の農民との間で非常に高値で取引されました。長屋にある便所からくみとられた糞尿は、きんばんよりランクが落ちて「町肥《まちごえ》」。それでも農民たちは喜んで買いとってくれるので、長屋の大家のよい収入源になっていました。

江戸や上方の暮らしを図解して伝える江戸後期の風俗誌に、『守貞謾稿《もりさだまんこう》』（嘉永6〈1853〉年成立）があります。『守貞謾稿』はまさに江戸の暮らしの百科事典のような本で、江戸の研究者にとっては必読書です。

その『守貞謾稿』によれば、一般的な長屋の大家には、糞尿代が年間で30～40両も入ったとのこと。ちなみに、江戸時代のお金の価値は、換算の方法や時代の貨幣価値などによって違ってきますが、現在のところ、私は1両を10万円と換算しています。つまり、糞尿代は年間およそ300～400万円にもなったのです。

江戸時代、家賃を滞納する住人（店子）も、大家は大目に見ていました。それもこれも糞尿をしてくれるからで、空家にしておくよりマシだからです。江戸時代は「糞尿をする」というだけで、人の役に立てたのです。

人糞のもとの大半は、毎日の冷や飯にありました。江戸っ子は野菜もよく食べましたが、今の人のように生野菜は食べません。ふだんの日に食べる野菜は、味噌汁の具と漬物が主です。現代人は「排便力を高めるため、野菜をたくさん食べないと」とがんばりますが、江戸っ子はレジスタントスターチを豊富に含む冷や飯をたっぷりとっていたのです。

冷や飯は究極の腸活食

「腸内フローラ」という言葉をよく耳にするようになりました。

みなさんもご存じのとおり、私たちの腸にはたくさんの細菌がいて、消化吸収や排泄のために働いてくれています。その腸内細菌は腸での働き方から便宜上「善玉菌」「悪玉菌」「日和見菌」と分類して呼ばれています。

腸内フローラとは、さまざまな細菌が腸の中で集落（コロニー）をつくってお花畑のように群生している様子からつけられた名称です。腸内フローラは多種多様な細菌が数も多く活発に働いてる状態が理想的です。そして腸内フローラが豊かならば、腸の働きも活性化すると考えられています。

腸内細菌は、私たちが食べたものをエサにします。なかでも食物繊維は、腸内細菌の大好物で、とくに善玉菌の活動源になります。そのため、「腸活には食物繊維を」とたびたびいわれているのです。

食物繊維の中で、善玉菌が大好物とするのが水溶性のタイプ。水溶性食物繊維は、水に溶ける食物繊維で、水を含むとドロドロのゲル状になります。

一方、不溶性食物繊維は腸内細菌のエサにはならないものの、繊維がかたく、水を含むと膨らんで腸内の不要物をからめとりながら大便をつくるとともに、腸の動きをよくします。

いずれも腸活には必要な栄養素です。

この食物繊維の両方の働きを、レジスタントスターチは腸の中で行います。善玉菌のよいエサにもなるし、大便を大きくして排便力を高めてもくれるのです。

さらにすばらしい働きがあることも、笠岡先生は述べています。

「レジスタントスターチは、大腸のもっとも肛門側にある『直腸』までしっかり元気にしてくれる」というのです。

直腸は、口からもっとも遠い位置にあり、大腸がんが起こりやすい部位でもあります。

健康上においても、重要なところです。

口から入った水溶性食物繊維は、善玉菌によって、直腸に届く前にほとんどが食べられてしまいます。では不溶性食物繊維はというと、腸活には必要ですが、腸内細菌のエサにはなりません。ところが直腸には、ビフィズス菌など健康増進に活発に働いてくれる善玉菌が多くいます。その直腸にまでレジスタントスターチはしっかり届き、善玉菌のエサになってくれます。

そんなレジスタントスターチが、冷や飯にはたっぷりと含まれています。だからこそ、冷や飯は究極の腸活食といえるのです。

食事の1時間前が腸活のポイント

江戸っ子は、朝にご飯をお釜で炊くと、お櫃《ひつ》に移して保存しました。それによってレジスタントスターチを効率よく増やしていました（意識して行っていたわけではありませんが）。レジスタントスターチは水分を飛ばすことで増えることがわかっています。

木のお櫃には、ご飯の水分を吸収する性質があります。あつあつのご飯の水分をほどよく吸収してくれるのです。

現代の暮らしでは、炊いたご飯を、炊飯ジャーの保温機能を使って温かいまま保存することが多いと思います。温かいご飯にもレジスタントスターチは含まれています。しかし、前述したように、冷や飯にしたほうが1・6倍も増えます。

では、現代を生きる私たちは、どのようにすれば、効率よくレジスタントスターチを摂取できるのでしょうか。

笠岡先生は前述の著書の中で、ご飯を常温で1時間置いておくだけで、レジスタントスターチが増えると記しています。冷凍にして電子レンジで加熱してもよいのですが、常温で1時間置いたほうがその量は多くなります。

私の場合は江戸っ子にならい、炊きたてのご飯はまず温かいままいただいて、次の食事の分を茶碗によそって、あえて冷や飯や握り飯を握っておくことがあります。そうしてレジスタントスターチを効率よくとり、白米を腸活に活かしています。それに、冷や飯をよく噛んで食べると、よりお米の甘味が感じられるように思うのです（炊き込みご飯の場合は特に、食材の味がしっかりと伝わります）。

一方、炊飯ジャーのスイッチを切ってご飯を冷ます方法も考えられますが、これでは、レジスタントスターチを増やせません。余分な水分が抜けないからです。

ところで、「御飯（ごはん）」と「飯（めし）」の違いをご存じですか。

通説ではありますが、炊きたての温かい白米が「御飯」で、冷たいものが「飯」。朝食に食べる炊きたてのご飯は、江戸っ子にとっては「御」の字をつけるほど「うまい」ものだったのです。

ちなみに、「江戸三白《えどさんぱく》」という言葉があります。これは、江戸っ子の好きな、白い食材ベスト3を示した言葉で、「白米」「豆腐」「大根」です。江戸っ子がいかに銀シャリを愛していたかをうかがえる言葉です。

ぶっかけ飯は江戸っ子の立派な養生食

では、江戸っ子は冷や飯をどのように食べていたでしょうか。

いちばん多かったのは、朝の残りの味噌汁をかける「ぶっかけ飯」です。仕事から帰ってきたら、「今晩は、これでいいか」とかき込む。味噌汁は温めることもありましたし、冷えたままぶっかけることも多くありました。夜遊びに出かけなければ、あとは寝るだけですから、ご馳走を食べる必要はなかったのです。

今では、ご飯に味噌汁をかけようものなら、行儀が悪いと注意されてしまいます。「猫まんま」とも呼ばれますね。猫まんまというと、鰹節《かつおぶし》をかけたご飯もありますが、いつしか、味噌汁をかけたご飯もこの名で呼ばれるようになりました。

しかし、ぶっかけ飯は消化もよく、睡眠前の胃腸にかける負担も少なく、健康にもよい、立派な養生食でした。

さらにさかのぼれば、戦国時代の武士たちも、冷や飯に冷めた味噌汁をかけて食べていました。「武士にては必ず飯わんに汁かけ候」と記されたほど、日常的な食べ方だったのです。武士は、このぶっかけ飯を主食にしながら、戦時下には、数十キロもある武具をまとって、遠い戦場まで走り、戦っていました。そう考えると、ぶっかけ飯は、相当なスタミナ食ともわかります。

現在も、宮崎県の郷土料理に、冷たい汁をご飯にかける冷や汁があります。冷や飯に冷えた味噌汁をかけて食べるぶっかけ飯は、冷や汁に感覚が似ています。

また、有名な「深川めし」も、もとはぶっかけ飯です。

江戸時代、海に面していた深川では、浅蜊《あさり》がたくさん獲れました。深川の漁師たちは、醤油、または味噌で煮た浅蜊に葱を加え、船の上で豪快にご飯にぶっかけて食べていました。それを当時は「ぶっかけ飯」や「浅蜊飯」と呼んでいたのです。「深川めし」と呼ばれるようになったのは、近年になってからです。

現在の「深川めし」は、江戸時代と同じく煮汁ごとぶっかけるタイプと、炊き込むタイプがあります。炊き込むタイプは「深川めし」を持ち運びできるように、ずいぶんあとになって考案されたものです。

あわただしい朝や一人で食べる昼食、夜遅くに帰宅して「何かちょっと食べたいな」というときには、ぶっかけ飯がおすすめです。ぶっかけ飯の上に、鰹節をたっぷりかけたり、くずした豆腐や納豆、青菜のお浸しなどをのせたりしても、おいしいですよ。

冷や飯をおいしく食べる江戸っ子の知恵

江戸っ子は冬場、冷や飯を焼きおにぎりにして食べることもありました。冬は、火鉢で暖をとります。その火鉢で握り飯を焼くのです。

お櫃に入れたご飯は、時間とともにだんだん硬くなります。ところが、握り飯を握って味噌を塗っておくと、がちがちにならず、ご飯の水分が保たれます。味噌で握り飯の表面をコーティングしておくことで、ラップフィルムをしなくても、水分の蒸発を抑えられるからです。

握り飯は硬めに握り、味噌を塗っておきます。そして食べるときに、火鉢の上に網をのせ、そこでじっくりと焼いていきます。味噌の焼ける香ばしい匂いが、家中に広がり、食欲をそそったことでしょう。刻んだ葱を混ぜた葱味噌でつくる焼きおにぎりは、また格別のおいしさです。醤油でつくる焼きおにぎりも、よく食べていました。

現代の生活では、火鉢がありませんが、魚焼きグリルやオーブントースターなどで簡単につくれます。味噌が少し焦げるくらいに焼けば、江戸っ子が「アツ、アツッ」といいながらほお張った味噌焼きおにぎりを味わえます。

夕ご飯には、お茶漬けもよく食べました。冬場は、火鉢の上で常にお湯やお茶を沸かしています。冷や飯にお湯を一度かけて、そのお湯を捨て、ご飯をほぐして食べることも多くありましたが、お茶をまわしかけて、さらさらとのどに流し込むこともありました。お茶漬けに使われるのは、ほうじ茶が一般的です。煎茶は高級品だったからです。

お茶漬けの具は、梅干しなどの漬物や佃煮、朝食や昼食で残った焼き魚をほぐしてのせることもありました。

さらに、水洗いした飯を味噌汁に入れてひと煮立ちさせ、薬味を入れた「おじや」も重宝されました。「おじや」には「雑炊」という呼び方もありますが、雑炊は本来、上方の言葉です。

趣向を凝らせばお茶漬けもごちそうに

江戸っ子は、「ハレ」と「ケ」をきっぱりわけていました。

ハレは、祭りや儀礼、年中行事などの非日常のこと、ケはふだんの生活で日常のこと。ケの日は非常につつましく暮らしている江戸っ子も、ハレの日には思い切りよくパーッとお金を使います。

「宵越しの銭は持たない」というのが江戸っ子気質《かたぎ》。太っ腹で気前がよいように感じますが、実はやせ我慢の意味あいが大きかったといえます。

江戸はとにかく火事が多い町でした。約265年の間に100回あまり、平均して2～3年に1度の割合で大火が起こっています。「いつ火事に見舞われて死ぬかわからない」。それならば「今日稼いだお金は、今日使ってしまえ。明日のお金は明日稼げばいいさ」という「宵越しの銭は持たない」という発想が生まれ、広まりました。

どうせ火事が起こるのだから、燃えてしまうものにお金をかけてもしかたがない。それならば、自分の身にとり込んでしまえる食事にお金を使おう、と「食道楽」が発達したのも、自然な流れだったでしょう。

事実、江戸で外食産業が大きく発展したのは、明暦の大火がきっかけでした。大火後、奇跡的に江戸は復興し、新たな町づくりが行われました。火除け地としてつくられた両国、上野などの広小路（ふつうの街路より幅広くつくられた街路）は、盛り場となってにぎわい、外食のできる茶屋や、料理屋の元祖が登場していったのです。

江戸の後期になると、料理茶屋の高級化も進み、食事を楽しむだけでなく、船遊びや風呂を楽しむなど、さまざまなアトラクションが考え出されていきます。そこで最高ランクの料理茶屋として位置づけられた店の一つに「八百善」があります。

八百善は享保２（１７１７）年に浅草・山谷で創業し、４代目のころには料理屋の枠を超えた、文化の発信地となる高級サロンのような場所になっていきました。

この八百善には、さまざまな逸話が残されています。なかでも「一両二分の茶漬け」は有名です。

あるとき、美食に飽きた通人が数名、八百善を訪れ、「極上の茶漬けを」と注文したところ、半日ほども待たされました。そうして出てきたのは、なるほど極上の茶漬けと香の物。ところが、勘定が1両2分といわれ、通人たちはびっくり仰天。今のお金に換算すると、だいたい15万円にもなります。「なぜ、茶漬けごときにそんな大金をとるんだ！」と文句をつけました。すると、主《あるじ》はこう返しました。

「香の物は、春にめずらしい瓜と茄子を切り混ぜにしたもので、茶は玉露、米は越後の一粒選り。玉露にあわせる水はこのあたりのものはよくないので、早飛脚を仕立てて玉川上水の取水口まで水を汲みにいかせました」

通人たちは「さすがは八百善！」と納得し、笑いながら帰ったとのこと。

お茶漬けはケの日の倹約料理です。しかし、趣向を凝らせば、ハレのご馳走にも、食のエンターテインメントにもなります。そんな江戸っ子の食道楽を伝える話です。

新選組のおなかを満たしたお茶漬け

歴史好きの方々に、一度は試していただきたいのが、「新選組茶漬け」です。

幕末、文久３（１８６３）年に30人ほどの壬生浪士組として生まれた新選組は、その名声とともにどんどん有志が増え、ついには２００人規模にもふくれあがり、当時の京都守護職・松平容保《まつだいらかたもり》の計らいで元治（１８６５）年から西本願寺を本拠地として活動しました。

新選組「局中法度」には「迅速な出勤を要すべし」と記されており、常に臨戦態勢がとられていたことがうかがえます。いつ戦いに出るかわからない隊士たちに重宝されたのが、手早くおなかを満たせるお茶漬けでした。

お茶漬けのお供は、本干しの糠漬け沢庵と奈良漬けです。西本願寺のお膳場には、沢庵と奈良漬けのみじん切りがどんぶり鉢に常に盛られ、いつでもお茶漬けをたらふく食べられるように用意されていたそうです。

つまり、みじん切りにした沢庵と奈良漬けを冷や飯にのせ、お茶をまわしかければ、新選組の隊士たちが食べていたお茶漬けを再現できるということ。「これを食べて、隊士たちは気持ちを鼓舞し、京の町を駆け回ったんだ」と思うと、ひと味もふた味もおいしく感じます。

ちなみに、往時、西本願寺のお膳場に漬物を献上していたのは、創業が１７６４（明和元）年の「近清」という漬物屋です。今でも近清では、新選組が愛したその漬物を製造・販売しています。

【コラム】江戸こぼれ話①

明暦の大火の真相はいかに

■ ■ ■

天ぷらは江戸で人気の料理でしたが、室内での揚げ物は禁じられていました。「火事と喧嘩は江戸の華」との言葉もありますが、江戸ではとにかく火事が多かったからです。江戸の町は、木と紙の家でできていますし、空《から》っ風が吹くので、出火すると燃え広がるのが速かったのです。当時、川沿いの広場には屋台がたくさん出ていましたが、天ぷら屋の定位置は川にいちばん近いところ。火が出たら屋台ごと川に叩き落すためです。

さて、世界三大火事にも数えられる明暦の大火は、「振袖火事」とも呼ばれます。恋を実らせることができないまま病死した少女の、怨念のこもった振袖を、寺で供養をして燃やすことになりました。そのさなか、強風が吹いて火の粉が舞い上がり、あっという間に寺を燃やして江戸中に広がっていった、といわれています。しかし真相は、寺の近くにあった大名屋敷が出火元とも。その証拠に、寺は大火後に立派に再建され、たいそうに繁栄しました。大火の責めでとり潰されることを恐れた大名が、〝怨念〟とすれば言い訳が立つ寺に、肩代わりしてもらったのではないか、との噂話も残されています。

江戸っ子の教え「その2」

「糠漬け」「米のとぎ汁漬け」で万病を防ぐ

白米の食べ過ぎで「江戸わずらい」が流行

江戸時代の中期以降、江戸の町には100万人が住み暮らすようになりました。

江戸が100万人都市になったのと同じころ、世界の大都市パリの人口は50万人、ロンドンや北京は70万人ほどでした。しかも江戸の町は、現在の23区より狭かったのです。人口密度の高さは、世界的に類を見ないものでした。

そんな江戸の人口の半分は武士で、半分は町人。一方の住居地は、町の60〜70パーセントが武士の住まいで、15パーセントは寺社。残りの15〜25パーセントの土地に、町人たちは押し込められるように暮らしていました。

その町人たちの住まいも、表通りに面した表長屋には、比較的裕福な商人たちが住み、庶民は裏路地に建てられた、とても狭い裏長屋に住んでいました。前述の9尺2間の庶民の住まいは、裏長屋のことです。時代劇や落語などでは、この裏長屋でさまざまな事件や騒動がくり広げられるわけです。

ただ、裏長屋住まいとはいえ、ひもじい暮らしをしていたわけではありません。江戸には仕事がなんなりとありましたから、一日まじめに働きさえすれば、銀シャリが腹いっぱい食べられる。それが江戸っ子の自慢であり、喜びでした。

長屋には、定期的に「搗《つ》き屋」と呼ばれる商売人が、杵をかつぎ、臼を転がしてやってきました。搗き屋がやってくると、長屋の人たちが米をそれぞれ持ちより、精米してもらいます。ただ、臼と杵で搗く精米法ですから、銀シャリといっても、現在のように真っ白な白米ではなかったでしょう。糠の成分もだいぶ残っていたはずです。

ところが白米をおなかいっぱい食べられる食生活が、仇となりました。

「江戸わずらい」なる奇病が蔓延したのです。足がむくみ、しびれ、動悸と息切れが起こり、最悪の場合、心不全から死にいたることもありました。当時の人には、何が原因かわかりません。適切な対処法もわからず、死を迎える人も多くいました。

江戸に住む人、なかでも富裕層に患者が多かったため、「贅沢病」とも呼ばれていました。とくに発症しやすかったのは、江戸詰めの武士や、地方からやってきた商人たち。故郷に帰ると自然にケロリと治ってしまいます。このため、「江戸に行くと、奇病にかかる」と大変に恐れられたのでした。

一方、白米をめったに口にできず、菜飯《なめし》や大根飯などのかて飯（まぜ飯）や玄米を食べていた地方の人たちは、この奇病になることがありませんでした。

この江戸わずらいの正体は、ご存じのとおり、脚気です。今でこそ、ほとんど耳にしなくなりましたが、半世紀前まではめずらしい病気ではありませんでした。

原因は、ビタミンB_1の欠乏。ビタミンB_1は、糖質をエネルギーに変えるうえで欠かせない栄養素で、不足すれば体はエネルギー不足に陥ります。この重度の状態が脚気で、心臓の機能が落ちるとともに、神経に障害が起こって足がしびれたりします。

銀シャリをおなかいっぱい食べられれば、あとは漬物が少しあればいい、という江戸っ子の食生活が、ビタミンB_1不足を引き起こしてしまった、というわけです。

江戸っ子を脚気から救ったのは、糠漬け

ところが、あることをきっかけに、江戸わずらいは劇的に減っていきました。

それが、糠漬けの流行です。

糠には、ビタミンB_1が豊富です。ナイアシンやビタミンE、葉酸などのビタミン類のほか、鉄、マグネシウム、亜鉛などのミネラル類も多く抱えています。精米されて排除された糠には、玄米の栄養分の95パーセントが含まれています。

この栄養の宝庫である糠が、白米を主食とする江戸の町には大量にありました。江戸っ子は、糠で肌を磨き、手を洗い、畑の肥料などにもしました。そして、元禄（1688〜1704年）のころから、野菜や魚の漬け床《どこ》として活用し始めました。

糠漬けがどのように発明されたのか、糠をなぜ漬け床にしようと思いついたのか、詳しいことはわかっていません。

日本伝統の発酵食は、多くが偶然の産物です。

たとえば、伊豆諸島の特産品として知られる、魚の干物である「くさや」もその一つ。昔は塩が貴重品であったため、干物をつくる際に漬けておく塩水を「1回で捨ててはもったいない」と何度も使い回していたら、そこによい発酵菌が発生していい塩梅になり、「臭いけれども、食べるとうまい」という干物ができました。その干物が江戸時代に日本橋の魚河岸で売られ、いつしか「くさや」と呼ばれるようになったのです。

これと同じように、糠漬けが始められたのも、偶然だったと考えられます。白米を食べるようになった江戸では糠がたくさん余り、

「糠に塩を加えて野菜や魚を突っ込んどけば、保存にいいんじゃねえか」

などと野菜を糠の中に埋めておいたら、おいしい漬け物ができていた、という感じではなかったかと思います。

しかも糠漬けを食べていると、江戸わずらいが治り、予防もできました。おいしいし、お金はかからないし、江戸わずらいも防げるとあって、江戸で糠漬けの大ブームが起こったのです。

糠漬けで新型コロナの予防に期待

今、新型コロナウイルス感染症の拡大によって、私たちは制限のある生活を送っています。そのさなか、腸活と免疫力の向上に役立つと、発酵食がブームになりました。

また、日本人の発症率と重症化率がともに低いことに何か理由があるはずとして、ノ

ーベル医学・生理学賞を受賞された山中伸弥教授（京都大学）は「ファクターX」と名づけ、世界的研究の対象にされています。そのファクターXは「日本人が日常的に発酵食品をとっていることではないか」と話題にもなりました。

糠漬けも大変に注目され、新たに糠床をつくった人も多かったと思います。

一方で、糠漬けは毎日かき混ぜるなどの手入れが必要と、面倒に感じる人もいるでしょう。しかも、自分で一からつくろうとレシピ本などを見ると、糠床づくりの工程がこと細かに示されています。糠を炒って殺菌し、昆布や鰹節《かつおぶし》を入れて旨味を加え、くず野菜を入れて発酵が起こるまで待つなど、糠床ができるまでに何日もかかります。

しかし、江戸っ子たちの糠漬はいたってシンプル。

捨てるほど余っている糠と塩で漬物をつくると、おいしいし、日持ちもする。糠床が減ってきたら糠を足せばいいし、欲しい人がいたらわけてあげることもでき、毎日手入れをすれば末代まで持つ。万が一、手入れを怠けて糠床が腐ってしまっても、タダでつくったのだから、捨てるのもおしくはない。こんなによいものをつくらなければ、損じゃないかと、気軽に始めたことでしょう。そんな気軽さがなければ、せっかちな江戸っ子の間で、口コミで広がるはずがなかったと思います。

　簡単につくったとしても、糠床が熟成していくにつれて、さまざまな細菌が複雑な生態系を築き、発酵という大きな現象を起こしていくのは確かです。とくに糠床には、雑菌を殺して腸の善玉菌を増やす「植物性乳酸菌」、大腸に届いて善玉菌の増殖を助ける「酪酸菌」、香気成分をつくる「産膜酵母」という、発酵を促し、腸活につながる3タイプの微生物が息づいています。わずか2グラムほどの発酵した糠には、およそ2億もの乳酸菌や酪酸菌、産膜酵母の細菌たちが群生しています。

　そうした細菌たちがつくる漬物をとると腸内細菌の働きが活性化されて、免疫細胞を刺激します。腸には、人体の約7割もの免疫細胞が集まっているとされています。その免疫細胞の働きが活発になれば、免疫力も自ずと向上します。それが感染症の予防に加えて、がんやアレルギー性疾患などの病気の予防にも役立つと考えられています。

　おそらく江戸の人たちも、糠漬けを食べていると、「おなかの調子がよくなるし、病気もしにくくなる」と感じていたのではないでしょうか。

　このすばらしい養生食である糠漬けを、現代を生きる私たちも、もっと気軽に毎日の食生活にとり込んでいきたいものです。最近では、糠床そのものがスーパーなどでも売られています。まずは簡単に始めて、感染症の予防と腸活に働きかけていってはいかがでしょうか。

江戸っ子の定番は、真桑瓜の糠漬け

天保７（１８３６）年、江戸の小田原屋という香の物屋の主人によって書かれた『四《し》季《き》漬物塩《つけものしお》嘉言《かげん》』という、漬物だけのレシピ集があります。

塩、味噌、醤油、粕、麹、そして糠などを使った64種類もの漬け方が紹介されていて、「浅漬」「沢庵漬」「梅干漬」「奈良漬」といった定番の漬物から、青柿を酒粕に漬けた「柿粕漬」や、一夜干しした瓜や茄子を丸ごと納豆に漬けた「精舎納豆漬」などという変わり種まで掲載されています。

本書の序文を読むと、江戸時代の人たちにとって、漬物がいかに重要な位置づけであったかがわかります。

◎香の物は日常食で一番必要なもので、どんな家でも欠かしてはいけない
◎どのようなご馳走や珍味があろうとも、香の物がついていなければお座敷遊びに祝儀がつかないようなもので、年中心がけて蓄えておくべきもの
◎おいしい漬物はその家の吉祥。節約にもなり、周囲から羨ましがられる

このように、漬物があることが、日常食ではもっとも大切とされていました。

では、「漬物といえば、糠漬け」というほど江戸っ子を虜にした糠漬けは、どのような食材でつくられていたでしょうか。

まず、人気だったのは、真桑瓜《まくわうり》です。

「瓜売りが瓜売りに来て瓜売れず（瓜売れ残り、とも）売り売り帰る瓜売りの声」という、江戸時代から語り継がれる早口言葉があります。

ウリ科の仲間は世界に数百種類もあるそうですが、江戸時代に瓜類として扱われていた代表的な作物は、胡瓜《きゅうり》、真桑瓜、青瓜、白瓜、冬瓜《とうがん》、西瓜《すいか》、南瓜《かぼちゃ》、糸瓜《へちま》、夕顔などで

した。

それぞれに品種も多く、地方によって呼び名が違うため、限定はしにくいのですが、この早口言葉に出てくる瓜は、かつて甜瓜《あまうり》とも呼ばれていた真桑瓜のことと思われます。甘味があって水分が多く、生食ができ、大きくて食べごたえもあるため、江戸時代までは水菓子としても扱われ、夏に欠かせない大人気の食材でした。もともとは甜瓜と呼ばれていた真桑瓜が、この名で呼ばれるようになったのは、美濃国真桑村（現・岐阜県本巣市）で採れる物がとくに美味だったからです。この真桑瓜を織田信長は朝廷に献上したと伝えられていますし、豊臣秀吉も大好物だったといいます。

江戸時代に入ると幕府も、江戸で真桑瓜をつくりたいと、真桑村から農民を呼び寄せ、鳴子（東京都新宿区）と府中（東京都府中市）の御前畑で栽培させました。これがのちに、内藤新宿（江戸時代の宿場の一つ）の「鳴子瓜《なるこうり》」と府中の「葵瓜《あおいうり》」というブランド野菜になりました。

瓜は水分が多く、体を冷やし、利尿作用がある作物で、熱中症やむくみを防止し、夏バテの回復にも役立ちます。低カロリーなうえビタミンCが豊富で、カリウムや食物繊維も含まれます。そのため、肥満や高血圧、腎臓病、糖尿病の予防にもよい食材です。

この真桑瓜、糠漬けにするとてもおいしく、江戸では定番でした。

真桑瓜は他にもさまざまに調理されていて、『四季漬物塩嘉言』にも真桑瓜の漬物の数々が掲載されています。

それほど人気のあった真桑瓜ですが、現代ではほぼお目にかかれません。

理由は、昭和37（１９６２）年にプリンスメロンが発売されたから。

プリンスメロンは、真桑瓜と西洋メロンのかけあわせで誕生した果物で、高価なマスクメロンに代わるおいしさと、値段の安さゆえに人気が高まりました。その裏で、真桑瓜はだんだん食べられなくなり、栽培されなくなって、姿を消していったのでした。

ちなみに、かつて、洋食のフルコースや旅館の夕食のデザートにはメロンがつきものでした。これは江戸時代、真桑瓜が宴席の最後に出てきた名残ともいわれています。

また、糠漬けには、白瓜も人気でした。奈良漬けの材料として知られている白瓜ですが、江戸ではとくに田端（東京都北区）でつくられたものが有名でした。胡瓜よりも歯ごたえがよくて、苦味が少ないのが特徴です。

江戸時代、胡瓜は人気のない野菜だった

現在では、糠漬けの定番といえば、胡瓜です。

ところが、胡瓜は江戸時代後期まで人気のない野菜でした。グルメ大名とも知られる徳川光圀《とくがわみつくに》も「毒多くして能無し。植えるべからず。食べるべからず」と嘆いたともいわれます。

胡瓜はなぜ、「能無し」などと不名誉ないわれ方をしたのでしょうか。

江戸時代の胡瓜は、今の胡瓜とだいぶ違い、苦味が強くありました。しかも当時の人たちは、中国の食べ方をまねて、黄色くなるまで完熟させていたのです。歯ごたえも悪くて、まずいのはあたりまえのように思いますが、江戸の人たちは、水分補給のためにしかたがなく食べていたようです。

そんな胡瓜に日の目が当たったのは、幕末のこと。砂村（江東区北砂・南砂付近）は水量が豊富で、江戸っ子たちの下肥《しもごえ》（人の糞尿を肥料にしたもの）を入手しやすい土地柄でした。ここで胡瓜の促成栽培が行われ、苦味が少なくなるよう品種改良されました。

そして、まだ若くて青い胡瓜を出荷したところ、「歯ごたえがよくて、うまいじゃないか」と大人気になったのです。

短期間で成長する胡瓜は、たちまち真桑瓜を追い越すほどの人気野菜となりました。糠漬けや一夜漬けはもちろん、井戸水で冷やしてそのままかじる、というように、江戸っ子に人気の野菜になったのです。

ところが、おいしくなってからも、武家は胡瓜を避けていました。理由は、断面が徳川家の葵の御紋に似ているから。「将軍家を食らうなどとんでもない！」と自粛したのでした。

現在日本で年間に約55万トン生産されている胡瓜ですが、ギネスブックには「世界で一番栄養価のない野菜」と登録されています。しかし、それは90パーセント以上が水分だからです。それでも、塩分の排出を促すカリウムが含まれますから高血圧予防によく、免疫力の強化に欠かせないビタミンCもあります。また、利尿作用があるので、むくみ改善にもよい野菜です。

米のとぎ汁は捨てるべからず

江戸時代の日本は、大変なリサイクル国家でした。江戸っ子はものを捨てることをせず、なんでも工夫して再利用していました。ですから、ゴミが少なかったのです。

現代人が惜しげもなく捨ててしまう米のとぎ汁も、江戸っ子はただでは捨てません。山菜のあく抜きや野菜の下ゆでのほか、掃除や洗濯にも活用していました。米のとぎ汁には天然の界面活性成分が含まれ、汚れを落とす働きがあるからです。食器や着物の汚れを落とし、床や家具を磨き、最後には植物の肥料にするために畑にまきました。

また、米のとぎ汁には多くの美容成分も含まれます。江戸の女たちは、これで顔や髪を洗って汚れをとるとともに、潤いや艶を与えて美容液としても活用していました。

当時の米のとぎ汁は、現代の台所から出るものよりも、栄養成分が濃く含まれていました。搗き屋が杵と臼で搗いて精米した白米ですから、現代の機械で精米するより、糠が多く残っていたからです。

その米を水で洗えば、濃厚なとぎ汁が出ます。色は「牛の乳のようだった」とか。そんなとぎ汁には、糠の成分が豊富です。そして、糠は玄米の健康成分そのものです。ということは、米のとぎ汁には、玄米が持つ、多くの健康成分があるとわかります。

具体的には、以下の7つです。

(1) 糠質の代謝に働き、ダイエットや疲労回復に欠かせない「ビタミンB_1」
(2) 細胞が酸化して老化するのを防ぐ「ビタミンE」
(3) 高血圧の予防と改善に向けて排塩効果のある「カリウム」「マグネシウム」
(4) 血液中のコレステロールを減らす「γ-オリザノール」「植物ステロール」
(5) 肌を守り、保湿力を高める「セラミド」
(6) 毒素を排出する「フィチン酸」
(7) 高血圧を抑える「フェルラ酸」

これほどの栄養の宝庫ともいえる米のとぎ汁を活用して、生活の知恵に優れた江戸っ子が、大好物の漬物をつくっていたと考えても不思議はありません。

そこで、私は米のとぎ汁でつくる漬物を「米のとぎ汁漬け」と名づけ、約３年前から研究を始めました。「米のとぎ汁漬け」がいつ頃からつくられていたかも、呼び名も定かではありませんが、戦前の山村部でつくられていたという記録は見つけることができました。山菜などを採ってきては、大きな甕《かめ》で漬けたものを、流し台の下に常備していたようです。

腐敗を防ぎ、健康作用を高める乳酸菌の力

米のとぎ汁漬けのつくり方は、簡単です。

米のとぎ汁に、ミネラル分の豊富な天然塩を溶かし、そこにカットした野菜を漬けておくだけ。もともと野菜の表面には、乳酸菌がたくさんついています。その乳酸菌たちが、米のとぎ汁を栄養源にして増殖し、発酵を起こすのです。その発酵力はすばらしく、野菜を漬け汁に入れておくと、一晩で発酵が起こってきます。

乳酸菌とは、簡単にいえば糖類を分解して乳酸をつくる細菌の総称。種類はさまざま

にあって、現在わかっているものだけでも250種類を超えるそうです。

乳酸菌がつくり出す乳酸には、腐敗を抑える働きがあります。乳酸が酸性物質だからです。腐敗菌の多くは、酸性の環境では生きられません。乳酸菌が増えて発酵が進んでいくにつれて、乳酸の濃度も上がっていき、腐敗菌がそこに入り込めなくなります。

そのために、米のとぎ汁に野菜を漬けておくと、長期保存が可能になります。

実際、野菜を使いやすい大きさに切って漬け汁に入れておくと、冷蔵庫の野菜室で保存するより長持ちし、歯ごたえもシャキッとします。

しかも乳酸菌は、発酵によって食材の栄養分を小さな分子に分解してくれます。たんぱく質はアミノ酸に、脂肪は脂肪酸に、炭水化物は単糖に分解してくれるのです。

この働きが胃腸の消化を助けるうえ、おいしくて体に優しい食品へ生まれ変わらせます。さらにビタミンや酵素など、人の体の働きに欠かせない栄養素の量も増やします。

そうした乳酸菌の働きによって、漬け汁に入れた野菜たちは、浅漬けへと変わります。

浅漬けとしてそのまま食べてもおいしく、サラダのトッピングにしたり、味噌汁や炒めものに加えたりもできます。

米のとぎ汁漬けの原理は、糠漬けや韓国の「水キムチ」と同じ乳酸発酵ですが、手軽さと多彩さ、何よりさまざまな料理の素材として応用できる点は、ほかの漬物にないメリットです。

また、漬ける期間を長くすると発酵が進んで、野菜が糠漬けに似た味に変化します。糠漬けの場合、多くの乳酸菌を含んだ糠を洗い落としてから食べますが、米のとぎ汁漬けは、漬け汁が染み込んだものを食べるため、たっぷりの乳酸菌を腸に送り込めます。

この米のとぎ汁漬けを研究する私の冷蔵庫は、米のとぎ汁漬けでいっぱいです。「今日はとぎ汁漬けをつくる日」と決めたら、野菜をたくさん買ってきて、台所に立ちます。さまざまな野菜を漬けておくと、毎日の食事づくりがとても楽になります。カットしてある野菜を、そのまま料理に使えるからです。しかも、生ごみを出す量も減り、江戸のゴミを出さない暮らしにならっているようで、ちょっぴりうれしくなります。

日々の洗米で出るとぎ汁は、ペットボトルに入れて冷蔵庫で保存しておき、とぎ汁漬けをつくりたいときにすぐ使えるようにしています。ただ、塩を加えていないとぎ汁は腐りやすいので、３日以上使わなかったものは、お風呂に入れて入浴剤にします。お肌がしっとりしておすすめです。

私自身、米のとぎ汁漬けを毎日食べるようになり、体調面でもよいことがありました。いちばん変わったのは、朝のお通じです。子どものころから便秘症で、さまざまな健康食品を試してきましたが、米のとぎ汁漬けを食べるようになってから、そうしたものに頼らなくてもお通じがよくなりました。

しかも、風邪を引きにくくなったように感じます。

乳酸菌の細胞壁には、強力な免疫増強因子があります。それが、腸で働く免疫細胞を刺激し、活性化させるとのこと。つまり、免疫力が高まり、風邪のウイルスなどの外敵を倒す力が強まるのです。

薬味の便利な保存法

米のとぎ汁漬けは、漬物にできるものならば、なんでも漬けられます。胡瓜はもちろん、大根や人参などを一口サイズに切って漬けておいてもよいでしょう。

便利！　おいしい！

「米のとぎ汁漬け」のつくり方

「漬け汁」のつくり方

【材料】

米のとぎ汁……１回目のとぎ汁は捨て、２回目、３回目の濃いとぎ汁を使う。

粗塩……食塩ではなく、さまざまなミネラルが豊富で体に優しい天然塩を使う。

【つくり方】

米のとぎ汁１カップ（200mℓ）に対し、粗塩小さじ１杯（６g）の割合で溶かす。保存容器の大きさで漬け汁の量は変わるため、食材がしっかりかぶる量を、この割合でつくる。

「米のとぎ汁漬け」のつくり方

①お好みの野菜を食べやすい大きさに切る。野菜は数種類混ぜてもよい。

②野菜を保存容器に入れて、野菜の上部まで漬け汁をたっぷりと注ぐ。野菜が浮いてくる場合には「落としラップ」などをして、完全に浸るようにする。

※ブロッコリーなど、火を通して食べる野菜は、漬け汁でゆでてから容器に入れて冷ます。

③保存容器のふたを閉め、冷蔵庫で保存。１晩で浅漬けが完成。１～２週間保存すれば酸味や旨味が増し、しっかりした漬物に。冷蔵保存で１～２か月は保存可能。

※漬け終わった汁には、乳酸菌などの腸活によい菌がたくさん。酸味が強くなっているので、ドレッシングにしたり、酸味を活かしたスープにしたり、お猪口に1日1杯氷を浮かべて飲んだり、活用しよう。

また、つくっておくと便利なのは、薬味の米のとぎ汁漬けです。いちばんのおすすめは、玉葱です。玉葱を粗みじんに切って漬けておくと、サラダやスープ、味噌汁、炒めもの、ステーキなどのトッピングにパラッと加えられ、栄養価を高められます。玉葱には、血液サラサラ、疲労回復、むくみ解消、免疫力アップ、動脈硬化予防など多くの健康効果が認められています。

また、玉葱をくし切りにして漬けておくと、炒めものや牛丼などにするとき便利。米のとぎ汁漬けにした玉葱は、加熱しても不思議とシャキシャキ感が残っているので、通常の玉葱を使うよりおいしくしあがります。

長葱のみじん切りを漬けておけば、納豆や冷や奴、蕎麦やうどんを食べるときに、パラッとかけられます。保存が利きますから、大量につくって食卓に添えましょう。

茗荷は、丸ごと漬けておいても、千切りにしておいても、どちらもおすすめ。

生姜は、皮のまま漬け汁に入れておき、使うときにとり出して、使い終わったらそのまま戻します。漬け汁に漬けておくと、保存が利くうえ、生姜が柔らかくなるので、すりおろしたり、千切りにしたりしやすくなります。

にんにくは丸ごと漬けておいて必要分使うのもいいですが、薄切りにして漬けておくと、料理に使いやすいです。鮮やかな緑色に変色しますが、品質には問題ありません。紫蘇《しそ》はせん切りにして漬けてしまうと、色が黒っぽくなってしまうので、葉っぱのまま漬けておくことをおすすめします。

これらの薬味にはイソチオシアネートや硫化アリルなどの辛味成分が豊富で、殺菌作用のほか、細胞の劣化を防ぐ抗酸化作用や免疫増強作用などがあります。そのため、毎日の食事に薬味をたっぷり使うと、食中毒の予防に役立つうえ、免疫力が高まり、がんや感染症の予防に効果的です。

江戸っ子も、日々、薬味をたくさんとっていました。冷蔵庫のない時代、高温多湿な日本で、生ものが大好きな江戸っ子は、食中毒を起こさないように、とても気を遣いました。台所を清潔にしておくのはもちろんのこと、たっぷりの薬味をとって殺菌成分を体内に送り込むとともに、自らの体の免疫力を高め、食中毒を防いでいました。

なお、毒消しにもっとも重宝されたのは大根です。元禄10（１６９７）年に刊行された全12巻にもなる食材事典『本朝食鑑《ほんちょうしょっかん》』にも「魚肉の毒・酒毒・豆腐の毒を解する」とあります。『本朝食鑑』は、江戸前期の医師で、植物の研究もしていた人見必大《ひとみひつだい》が記した本で、自然医学の本です。江戸時代は、大根おろしを焼き魚だけでなく、刺身にも添えて食べていました。

大根おろしも、米のとぎ汁漬けを活用するのがおすすめです。大根の皮をむいて、保存容器に入る大きさに切って漬け汁に入れておくと、大根がやや柔らかくなり、おろしやすくなります。

現代では、刺身にはわさびが定番です。チューブ入りのおろしわさびを使う人が多いと思いますが、生わさびの保存にも米のとぎ汁漬けが最適です。とぎ汁に、生わさびをまるまる漬けて冷蔵保存すれば、数週間は日持ちします。生わさびはおろしても香りが高く美味ですが、千切りにすると辛味の中にほのかな甘味も加わります。

なお江戸では、刺身には、大根おろしやわさび、生姜、紫蘇に加え、長葱や蓼《たで》、黄菊、うどなどを添えていました。

他にも、米のとぎ汁漬けは、キャベツ、白菜、ニラ、らっきょう、プチトマト、青梗菜《ちんげんさい》、ブロッコリー、きのこなどもおすすめです。きのこの米のとぎ汁漬けについては、

116ページでもう一度お話しします。

糖尿病・肥満の予防に役立つ「長芋とオクラのとぎ汁漬け」

もう一つ、食養生におすすめの米のとぎ汁漬けがあります。長芋とオクラのとぎ汁漬けです。

オクラには、腸内細菌の大好物である水溶性食物繊維が豊富です。

長芋にも、腸の働きをよくするレジスタントスターチが含まれます。

なお、レジスタントスターチと水溶性食物繊維には、血糖値の上昇をゆるやかにする働きもあります。このため、糖尿病や肥満の予防にも役立ちます。

つくり方は簡単です。まず、長芋は皮をむいて粗みじんに切ります（長芋を下ろすとレジスタントスターチが若干減ってしまうため、私は粗みじんにしています）。次に、オクラを1ミリ幅の小口切りにします。これらを保存容器に入れて軽く混ぜたら、67ページで紹介した漬け汁を食材が浸かるまで注ぎます。これで完成。

長芋とオクラのとぎ汁漬けは、とぎ汁ごといただきます。とぎ汁200ミリリットルに対して小さじ1では塩分を強く感じる場合には、塩の量を加減してください。

長芋はとぎ汁に漬けておくと変色せずに白い色のままきれいですが、オクラは1週間以上過ぎると変色が始まります。ですから、4~5日で食べ切りましょう。だんだんと、水溶性食物繊維が水を吸って水分がどろりとしてきますが、その水分こそ水溶性食物繊維のかたまりですから、一緒に食べてください。

長芋とオクラのとぎ汁漬けは、醤油をからめた鮪と一緒にご飯にのせればスタミナたっぷりの丼になります。納豆と混ぜたり、蕎麦のトッピングにしたり、冷や奴にのせたりしても美味です。

また、これを冷蔵庫につくり置きしておくと味噌汁も簡単に準備できます。お椀に味噌を入れてお湯に溶かしたら、長芋とオクラのとぎ汁漬けを好きな量だけ入れれば、即席味噌汁の完成です。夏の暑い盛りには、火を使わずに味噌汁をつくれますし、忙しい朝にこれ1杯食べておくだけでも、よい食養生になります。

江戸っ子の教え「その3」

「豆腐」「納豆」でスタミナをつける

コンビニより便利だった「棒手振り」

江戸時代、天秤棒をかついだ棒手振《ぼてふ》りと呼ばれる行商人が、長屋の路地の奥まで、呼び声も高く食べ物を売りにきました。

棒手振りについては、前述の『守貞謾稿』にも詳しく書かれています。著者の喜田川守貞は、上方で生まれ、転勤で江戸にやってきました。天保8（1837）年から約30年かけて、江戸と上方の生活のあれこれを、挿絵つきで全35巻にまとめています。この本に「三都（江戸・京・大阪）ともに、小民の生業に売物を担い、あるいは負って、市街を呼び巡る者甚だ多し」と書かれています。

豆腐に納豆、蜊《あさり》、蜆《しじみ》、蛤《はまぐり》、鰯《いわし》、野菜、煮物各種、きんぴらごぼうなどの他、旬の食材を使った料理を売る棒手振りもいました。しかも、棒手振りのサービスは満点です。豆腐屋は、味噌汁用に豆腐を賽《さい》の目に切ってくれます。貝売りは、蜊や蜆の砂抜きをして、むき身の状態で持ってきてくれます。「あさり～、むっきん」と声をかけながら、家の前まで売りにきてくれるのです。

毎日、決まった時刻に来てくれるので、買い物に出かける必要もありません。その日に食べる分だけ買えばよいので、無駄がないし、冷蔵庫がなくても平気です。家には糠漬けや沢庵、梅干しなどの保存食と、調味料、米、味噌を備えておけば十分で、あとは日々、必要な分を棒手振りから買いました。

棒手振りは、江戸時代、セーフティネットの役割も果たしていました。幕府は、棒手振りの開業許可を50歳以上か15歳以下の者、または身体が不自由な者に与える、と触書きを出していました。誰でも棒手振りを始められるわけではなく、社会的弱者のための職業と位置づけられていたのです。実際、棒手振りの52パーセントを50歳以上が占めていたとの記録も残されています。仕入れたものを天秤で担いで売り歩けばよいだけですから、仕事の内容もとても簡単でした。

江戸料理の研究をしていると、この棒手振りのシステムが今もあったらどれほど素敵だろう、とたびたび思います。毎日、さまざまな新鮮な食材やできたての料理を運んできてくれるのですから、今のコンビニエンスストアより便利だったはずです。

なお、棒手振りの中でも魚屋だけは格が上。旬の魚を包丁とまな板持参で運んできて、客の目の前でさばくのです。鰹《かつお》などひと家族では食べきれない大きな魚は、長屋の住民たちに共同で買ってもらい、刺身や焼き魚、煮魚など用途にあわせておろしました。居酒屋の店先で魚をおろし、そのまま店に売ることもあります。そんな姿は江戸の名物でもあり、多くの絵に描き残されています。魚屋は誰にでもできる仕事ではなく、誇り高い職人の仕事。だから、女たちにとてもモテました。旦那が留守の間におかみさんにそっと家に引き込まれる、ということもあったようです。

ひもじい子どもたちを救った『豆腐百珍』

豆腐屋の棒手振りは、1日3回、決まった時間に毎日やってきます。長屋の住人は、豆腐屋の売り声を聞いて、時刻を知りました。

日本での豆腐の歴史は古く、奈良時代にはすでに中国から製法が伝わっていました。寺院での精進料理としてふるまわれたものが、やがて庶民に広がっていったようです。

豆腐は、今でも私たちの食卓に欠かせない食材です。おいしい、安い、食べると元気が出る、という三拍子がそろった万能食だからこそ、和食の重要なポジションに君臨し続けているのでしょう。

「食べると元気が出る」というのは、大豆が持つ、良質な植物性たんぱく質と各種ビタミン、鉄、リン、カルシウムにあります。豆腐は、これらの大豆の栄養素をしっかりと受け継いでいるうえ、加工することで消化吸収の効率がよくなります。健康増進に欠かせない栄養素を効率的に摂取できることが、豆腐の魅力です。

江戸っ子も、豆腐が大好物でした。

豆腐人気をさらに高めたのが、『豆腐百珍』という料理本です。

『豆腐百珍』は、天明２（１７８２）年、大坂の版元（出版社のこと）の春星堂藤屋善七から刊行された、１００種類もの豆腐の料理法が掲載された本です。

作者は、醒狂道人《せいきょうどうじん》何必醇《かひつじゅん》。正体は、篆刻家《てんこくか》の曽谷《そだに》（そたに／そやとも）学川《がくせん》といわれます。篆刻とは、印鑑の作成を指します。

当時、料理人でない人物が料理本を書くのは、めずらしいことでした。曽谷学川はなぜ、『豆腐百珍』をつくったのでしょうか。理由は、子どもの救済にありました。

「天明の大飢饉」(天明2〈1782〉~天明8〈1788〉年)は、江戸四大飢饉と称される大飢饉の中でも最大でした。

1770年代からの冷害や悪天候などの異常気象によって、東北地方では農作物の収穫量が激減し、農村部の疲弊は大変な状態でした。飢饉は広範囲に及び、上方にも、流れ着いた子どもたちがあふれました。

曽谷学川は、もともと京都の有名な師匠のもとで篆刻家をしていましたが、師匠の名前を勝手に使って贋作をしたとのことで破門になり、大坂で暮らしていました。彼は、もとは山城国(京都府長岡京市)の篆刻家の息子だったといわれます。

学川は、大坂で料亭の娘と出逢って夫婦になり、四天王寺(大阪市にある和宗の総本山)の参道の前に作印屋を開きました。四天王寺は上町台地にあり、多くの寺や神社が建っていました。そこには飢えた子どもたちが多く住み着いていました。

学川は、10歳にも満たない息子を亡くしていました。自分の死んだ息子と同じ年ごろの子どもたちが、食べ物もなく、飢えている。米がとれないのなら、米にかわる主食が何かないだろうか。そのとき「大豆はとれているし、豆腐を主食にすれば、飢える子どもたちを救えるのではないか」と考えつきました。

当時、豆腐は冷や奴か湯豆腐か田楽、味噌汁の具という程度にしか、一般的な食べ方が知られていませんでした。そこで、「豆腐を毎日食べても飽きないように」と料亭の娘だった妻と豆腐のレシピを集めたり考えたりしては、瓦版にして人々に配りました。それが数十枚たまったとき、大坂の版元が目をつけ、本にまとめたのでした。

そうしてできた『豆腐百珍』は、１００もの調理法が掲載されているうえ、その１００品を尋常品、通品、佳品、奇品、妙品、絶品の6等級にわけ、読み物としても楽しめる体裁になっていました。

大坂と京で発売されると大人気になり、江戸に下ってからも好評で、一大ベストセラーになります。

そうしたなか、たびたび噴火をくり返していた浅間山（長野県北佐久郡）が、天明３（１７８３）年に大噴火を起こします。降灰による被害は関東・信州一円に及び、農作物は壊滅的な状況に追い込まれました。いよいよ米がつくれなくなり、学川の読み通り、豆腐で飢えを満たす日々が訪れます。新発想の料理本として、おかしみを持って迎え入れられた『豆腐百珍』は、飢饉の際の実用書として、もてはやされるようになり、『豆腐百珍続編』『豆腐百珍余録』などの続編も出版されました。

また、『豆腐百珍』に倣って、1つの食材に限定した形式の料理本もブームになりました。鯛やこんにゃく、大根、卵、さつまいもなどの「百珍本」が続々と刊行。その多くは、学川がプロデュースした本だと考えられます。

江戸庶民に人気ナンバーワンの倹約料理「八杯豆腐」

『豆腐百珍』の中で、とくに人気の料理が「八杯豆腐」です。

出汁か水6杯に対して、醤油1杯、酒1杯の合計8杯の汁で豆腐を煮るから「八杯豆腐」。一言でいうならば「湯豆腐の味つき版」です。湯豆腐との違いは、味のついた汁で煮て、大根おろしをのせること。出汁でつくると特においしく、ほっこりと心を和ませてくれます。さっと煮るだけでももちろんおいしいのですが、とろ火でコトコト煮ると、豆腐に味が染み込みます。江戸では冬、火鉢の上に鍋を置き、ゆっくりと煮ていました。

豆腐は、木綿でも絹ごしでもお好みで。江戸時代の初期は、豆腐といえば木綿が主流でした。大きさは現代の4倍ほどもあり、ずいぶん硬かったようです。やがて上方から絹ごしが入ってくると、江戸でも人気になりました。

山かけ豆腐もよく食べられていました。これは、八杯豆腐のアレンジ版です。山かけ豆腐は、大根おろしではなく、長芋または山芋のとろろをかけます。

とろろは昔も今も滋養食として知られます。平安時代の天才歌人にして稀代のモテ男、『伊勢物語』の主人公・在原業平《ありわらのなりひら》も、元気のない友人に山芋を贈ったと伝わります。

江戸時代も、とろろは「精がつく」とよく食べられていて、「とろろ専門店」ともいえるとろろ飯屋や麦とろ屋があったほどです。山芋は、井原西鶴の痛快ラブコメディ『好色一代男』の主人公・世之介が精力剤としても活用していました。

風邪を引いたり、病気をしたり、胃腸が弱っていたりなど、食欲が落ちているときには、山かけ豆腐がとくにおすすめです。すっと口に入っていくのに、滋養があって消化もよく、元気がよみがえってくるように感じます。また、冬の寒い日にいただくと、体の芯からじんわりと温まり、夏の暑い盛りに食べれば、滋養強壮に働いて夏バテ予防が期待できます。

ちなみに、八杯豆腐は「日々《ひび》徳用《とくよう》倹約《けんやく》料理《りょうり》角力《すもう》取組《とりくみ》」という、江戸庶民の節約おかず番付で、ランキング1位とされています。江戸時代は、庶民の間で「見立番付《みたてばんづけ》」というものが流行していました。これは、現代も残る「角力番付」の様式に見立て、なんでもランキングにするという遊びです。名所、酒、女房、名刀など、さまざまな番付がされていました。

「日々徳用倹約料理角力取組」は、江戸っ子の節約おかず版。当時の角力には横綱の位はなく、トップは大関です。八杯豆腐は、精進物（野菜、豆、海藻類）のランキングで大関。それほど、江戸っ子に愛された豆腐の定番料理でした。

食べる手が止まらなくなるアイデア豆腐料理

『豆腐百珍』には、豆腐を焼く料理も多く掲載されています。ほとんどがあっという間につくれて、経済的かつ健康的。豆腐1丁を冷蔵庫に入れておけば、簡単においしい豆

■ 江戸っ子のソウルフード「八杯豆腐」

【材料】 ２人分
絹ごし豆腐…１丁
（木綿でもOK）
出汁…1.5カップ（300mℓ）
酒・醤油…各大さじ３
大根おろし…適量

【つくり方】
①鍋に出汁と酒を煮立ててから醤油を加え、お玉で薄くすくった豆腐を入れる。
②豆腐が煮えて浮いてきたら、煮汁ごと器に入れ、大根おろしをのせる。
③お好みで、七味やもみのり、削りかつおなどをかける。

■「八杯豆腐」をアレンジした「三白鍋」と「山かけ豆腐」

●「八杯豆腐」に「鱈などの白身魚」と「蛤」を加えて煮る

→3つの白い食材から出る旨味が
絶品の「三白鍋」に

●「大根おろし」を「とろろ」にかえる

←滋養強壮によい
「山かけ豆腐」に

日々徳用倹約料理角力取組

精進方

大関　雑　八杯豆腐
関脇　昆布油揚げ
小結　きんぴらごぼう
前頭一　煮豆
前頭二　焼き豆腐吸したし
前頭三　ひじき白和え
前頭四　切ぼし煮付け
前頭五　芋がら油揚げ
前頭六　油揚げつけ焼き
前頭七　小松菜浸しもの

同春
けんちん
人参の白和え
わかめのぬた
三つ葉根油揚げ
のっぺい
はすの木の芽和え
ほうれん草ひたし
油揚吸したし
三つ葉はりはり
海苔にうど吸い物
五分漬はりはり
木の芽田楽
叩きごぼう
わらびがんもどき
ふきの葉切り合え
生海苔の三杯酢
よめなひたしもの
たんぽぽ味噌和え
田芹ごま和え
くくだちひたし

同夏
地先なすうま煮
冬瓜くず煮
隠元ごまびたし
なすびしん和え
ささげごぼう和え
菜にんじんよごし
そら豆煮つけ
さやえんどう
奴豆腐青唐辛子
なすびの刺身
なす揚げだし
かぼちゃごま汁
芋ずいき和え
蕗の煮つけ
筍あらめ
なすしぎ焼き
へちま煮びたし
なす油煮
かみなり干し
松もどき

同秋
若菜汁
炒り菜
芋煮ころばし
ふろふき大根
ごぼう太煮
さつまいもうすくつ
はつたけ豆腐
とろろ汁
あげもの
山やけ豆腐
きくみ吸い物
焼き生姜
くわい煮つけ
とうなす煮物
ひやうのは蒸し
むかご炒りつけ
炒り豆腐
しめじそに豆腐
だんご汁

あんかけ豆腐
八つ頭芋煮つけ
長芋おでん
ぎせい豆腐
山の芋ぐつぐつ煮

同冬
湯豆腐
こんにゃくおでん
納豆汁
かぶ菜汁
きゅうと
輪切りごぼう
こんにゃく白あえ
ゆばわさび醤油
ねぎ南蛮
こんにゃく刺身
ごま味噌
油味噌
炒り豆腐
おこと汁
うど白和え
こんにゃく芋つき
にんじんけし
切り干し白和え
長芋ひらづゆ

江戸かな文字指導：吉田　豊

為御菜

毎年毎日於て
世界台所
晴雨共三百六十日
之間取行

行司

ぬか味噌漬　寺納豆
大さか漬　らっきょう漬
からし漬け
沢庵漬　梅干し
なすび漬　ほそね漬
なら漬
くき菜漬　かくや古漬

世話役

でんぶ
ひしほ
ざぜん豆
味噌づけ
日光唐辛子

感心元

味噌
塩

差添

醤油

年寄

かつおぶし
塩辛
なめもの
ごま塩

魚類方

大関　雑　めざしいわし
関脇　むきみ切干し
小結　芝えびからいり
前頭一　まぐろから汁
前頭二　小はだ大根
前頭三　たたみいわし
前頭四　いわし塩焼き
前頭五　まぐろすき身
前頭六　塩かつお
前頭七　にしん塩引き

同春
まぐろきじ焼
ひじきむき身
いわしのぬた
いわしつみいれ
さば味噌漬け
たにし炒りつけ
しじめ汁
焼き塩○
数の子
小あじに三つ葉
てりごまめ
いか木の芽あえ
するめつけ焼
れんこんすしかまぼこ
かにはんぺん
牡蠣まなす
あさつきなます
しんじょに三つ葉
いいたこつくね芋
ちりめんじゃこ

同夏
芝えび豆腐
切り身唐漬け
白うり三杯
あじたで酢
ひじきなまり節
たなご吸い物
しゃこ塩ゆで
さばせんば
なまり胡瓜もみ
こはだ煮びたし
このしろ魚でん
おぼこ味噌煮
なまり節おろし
干し鱈すっぽん煮
ひふく汁
くじら汁
ざっぱ煮びたし
どじょう鍋
えび鬼殻焼
かさごのうま煮

同秋
蒸しはまぐり
あはさこから炒り
ひしこすいり
さば一塩漬
芋煮だこ
はぜに大根
酢だこ
いわし唐漬け
いなの背開き
てんぷら
いちょう大根ば○
赤貝酢づけ
あじしんぎり
かいにつと○○○
はちのこたら汁
にしん煮びたし
かます干物
小えびくずした煮
かきのわた煮

さかつくだ煮
焼き秋刀魚
ねぎに穴子
たこさくら煮
焼きはまぐり
こぶなすずめ焼き
てり○○○

同冬
なまこ生姜
さめ煮こごり
秋刀魚干物
しらす干
貝の子のすし
干えび豆腐
昆布巻
ひなだいい○○
はしら煮おろし
たかべ干物
ひきなすなます
かまぼこつけ焼き

さわらあんかけ
あんこう汁
さるぼう煮つけ
しお汁切り身
にしきうめ
ばかの煮しめ
玉子とじ

版元

お茶づけ塩町
安売屋徳太郎
倹約ほうだい所町
値段屋安右衛門

川柳点の教句に
台所をつめれば店が広くなる

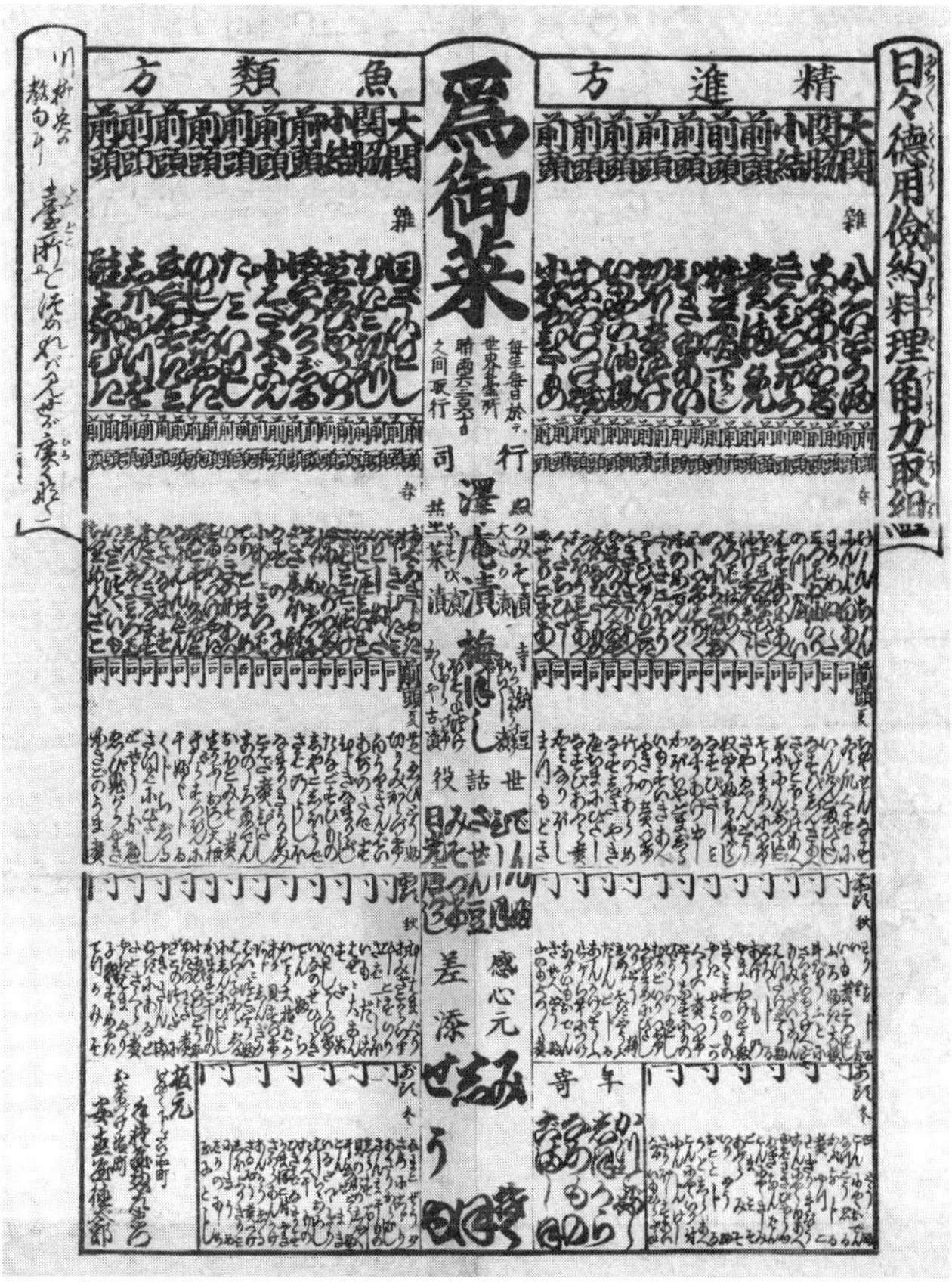

「日々徳用倹約料理角力取組」（公益財団法人味の素食の文化センター所蔵）

腐料理をパパッとしあげられます。

なかでも、とくに簡単な時短レシピを一つ紹介します。「雷豆腐」です。

雷豆腐は、木綿豆腐を崩して胡麻油で炒めるだけの料理。熱した鉄鍋に豆腐をくずし入れるとバリバリッと雷のような音がするので、この名がつきました。

豆腐を焼くという料理もよくつくられました。『豆腐百珍』には「石焼き豆腐」という料理が掲載されています。これは、今でいうところの豆腐ステーキ。胡麻油でじっくり、こんがりときつね色が焼くことで豆腐のうまみや甘みが引き出されます。ご飯のおかずにも、酒の肴にもぴったりの一品で、食べる手が止まらなくなります。

イベントには欠かせなかった「豆腐田楽」

江戸っ子は、とにかくイベントが大好きでした。何かとイベントをつくっては、ハレの日を楽しみます。ケの日である日常は節約してつつましく過ごし、そのぶん、ハレの日には贅沢をします。「ここぞ」という日には、貸衣装屋で着物を借りてお洒落をして

■ 江戸っ子も重宝した時短レシピ「雷豆腐」

【材料】 2人分
木綿豆腐…1丁
長葱の小口切り・わさびの千切り・
　大根おろし…各適量
胡麻油・醤油…各大さじ2

【つくり方】
①木綿豆腐1丁を水切りする。
②鍋に胡麻油を熱し、水切りした豆腐を崩しながら入れ、炒める。
③全体に油が回ったら、醤油と長葱を加えてサッと炒め、器に盛って大根おろしとわさびの千切りをのせる。

※『豆腐百珍』のレシピどおり、わさびの千切りと大根おろしを添えると、洗練された味に。トッピング食材を、削りがつおと貝割れ大根にかえても風味豊かで美味。
※時短の水切り方法：木綿豆腐をペーパータオルで包み、電子レンジで3分加熱すれば、豆腐の水切りは簡単。

■ 今でいう豆腐ステーキ「石焼き豆腐」

【材料】 2人分
木綿豆腐…1丁
胡麻油…大さじ2
大根おろし・醤油…各適量

【つくり方】
①水切りした豆腐を4等分し、1センチの厚さに切る。
②フライパンに胡麻油を熱し、①を並べ入れ、中火で焼いて、両面に焼き色をつける。
③熱々を大根おろしと醤油でいただく。

出かけるなど、心ゆくまでイベントを楽しみました。

身分の上下を問わず、人々がお花見をするようになったのは、江戸時代からです。8代将軍・吉宗は、贅沢を禁止するかわりに、お花見のイベントを誰もが気軽に楽しめるよう、江戸の町から日帰りで行ける飛鳥山や御殿山などに、たくさんの桜の木を植えました。隅田川沿いの日本堤に桜を植えたのは、大勢の人に踏み固めてもらうことで、土手を補強するためだったともいわれています。

一方で、雪見も江戸っ子には楽しみなイベントでした。氷河期と言っても過言ではない江戸年間、冬の江戸ではよく雪が降りました。雪が降ると、「おぅ、雪を見に行こうぜ」と親しい人たちと出かけます。雪見には、携帯用の火鉢や小さなこたつなどをかついで行き、お寺の本堂などを借りて陣取りました。そして、しんしんと降り続ける美しい雪景色を眺めたのです。

現代の東京では、雪の予報が出ると、「危険ですから、不要不急の外出は控えましょう」といわれますが、江戸っ子はまるで花見に行くように、美しい雪景色を堪能しに出かけました。現代の私たちからしたら、まるで「がまん大会」のよう。なにせ、足もとは草履や雪駄、足袋などだけで、素足の人も多くいました。しかし、江戸っ子は、震えながらも「寒い」なんて顔はせず、火鉢で温めた熱燗を「うまいねぇ」とすすったことでしょう。粋のためならどんな状況でも強がって、見栄を張るのが江戸っ子でした。

イベントの定番料理といえば、豆腐田楽です。好みの味噌を豆腐に塗って焼く豆腐田楽は、お花見や野がけ（野遊び）、雪見などの際に欠かせない料理。まるで現在のバーベキューのように、現地で焼いて食べました。

当時の豆腐は、前述のとおり、ずっしりと硬くて水切りの必要がなく、江戸の味噌は136ページでもお話ししますが、田楽にぴったりの甘みの強い味噌でした。そのため、つくり方といっても、豆腐を切って串に刺し、味噌を塗って焼けばよいだけです。

また、豆腐田楽は屋台でも多く売られていました。小腹を満たすにはぴったりのおやつだったからです。現代っ子がファストフードを食べるように、江戸っ子は豆腐田楽を食べ歩きしていました。

田楽とはもともと豊穣祈願の楽舞「田楽舞」のことを指し、豆腐を串に刺した様子が、1本足の竹馬に乗って飛び跳ねて「田楽踊り」を踊る「田楽法師」の姿に似ていることからこの名がつきました。やがて、接頭語の「お」をつけて、女房言葉で「おでん」と呼ばれるようになります。これが、今やコンビニの定番メニューにもなっているおでんのルーツです。

やがて田楽の種類は増え、茄子や里芋、かぶ、こんにゃくなどでも田楽がつくられるようになりました。猪や鹿の肉なども田楽になり、魚を焼いて味噌をつけたものは「魚田」と呼ばれました。

91ページに豆腐田楽のつくり方を紹介します。田楽の味噌はたくさんつくって冷凍保存しておくと便利です。味噌は冷凍庫に入れても凍りません。肉や魚などを焼いている間に室温に置くとやわらかくなるので、焼き上がりに塗って、香りが出るまで温めれば、おいしい味噌焼きができます。

納豆が持つ整腸作用と解毒作用

「江戸に烏の鳴かぬ日はあれど、納豆売りの来ぬ日はなし」

■ 江戸っ子のファストフード「豆腐田楽」

【材料】 ２人分

木綿豆腐…１丁

田楽味噌…適量

胡麻、芥子《けし》の実…適量

【つくり方】

①豆腐は６つに切り分け、ふきんまたはキッチンペーパーで包んで軽く水気をとる。

②田楽味噌をそれぞれ豆腐の上面に塗り、味噌に焼き目がつくまでグリルで焼く。

③胡麻や芥子の実を振り、アイスキャンディのように割り箸（竹串でも）を刺したら完成。

【田楽味噌のつくり方】

赤味噌（大さじ２）、砂糖（大さじ１）、みりん（小さじ１）、酒（小さじ1）を小鍋に入れ、弱火にかけてなめらかになるまで練る。味噌が硬いときには、酒かみりんで調整する。

【アレンジ田楽味噌のつくり方】

○柚味噌　白味噌（大さじ２）と、柚（４分の１個）の絞り汁、砂糖（小さじ１）、みりん（小さじ１）を小鍋に入れて弱火にかけ、なめらかになるまで練る。柚の皮をおろし、加える。

○木の芽味噌　木の芽（20枚）をすりこ木で細かくし、白味噌（大さじ２）を加えて練る。

これは和歌山藩士が勤番の折に書き記した『江戸自慢』の一節です。この後、「土地の人の好物なる故と思はる」と続くのですが、このように江戸の町には毎朝、夜明けとともに納豆売りが長屋のすみずみまでやってきました。

納豆はもともと冬の食べ物で、納豆売りも江戸初期のころは冬場のみ売り歩いていました。人気の高まりとともに、秋から売り出されるようになり、次に丑の日からになり、やがて一年中売られるようになりました。『江戸自慢』は幕末に書かれたものなので、筆者は毎朝、納豆売りの声に起こされていたのでしょう。

現在は納豆といえば、全国的に「糸引き納豆」のことを指しますが、かつては大きく2つの製法にわかれていました。

糸引き納豆は、藁についた納豆菌が煮大豆に付着してできたものです。もう一つは麹菌で発酵後、乾燥・熟成させてつくる「塩辛納豆」で、室町時代に中国から製法が伝わりました。

塩辛納豆を伝えたのは一休宗純ともいわれ、寺の精進料理として広まったため、製造元の寺院の名前をつけて「大徳寺納豆」「天竜寺納豆」「一休寺納豆」、あるいは「寺納豆」とも呼ばれました。ちなみに、浜松市の「浜納豆」も「塩辛納豆」の一種です。粘りがなく、色が濃く、赤味噌のような味と香りがし、中国の「豆鼓《とうち》」という調味料を硬くした感じの納豆です。そのままつまみやお茶漬けの具材になるほか、豆鼓と同じく、調味料として用いられることも多く、現在は和菓子の材料にもなっています。

糸引き納豆の発祥がいつかは不明なので（縄文時代は、食材を藁で包んで保存していたため、すでに偶然納豆らしきものができていて、食べられていたのではないかという説があります）、どちらが古いとはいいがたいのですが、古くは「納豆」といえばこの「塩辛納豆」を指し、西日本ではこちらが主流でした。

現在は、関西でも糸引き納豆も一般的になりました。安価なうえに、免疫力の向上にも腸活にもよいと認知されたことが大きかったでしょう。

実際、糸引き納豆の効用は書ききれないほどで、江戸初期に書かれた『本朝食鑑《ほんちょうしょっかん》』の納豆の欄にも、「腹中をととのえて食を進め、毒を解す」とあります。当時から納豆の整腸作用や解毒作用が知られていたのです。

江戸っ子の元気を養った「スタミナ納豆汁」

江戸っ子は、とにかく納豆汁が大好物でした。『守貞謾稿』にも「江戸っ子は、納豆汁ばかり飲んでいる」という内容が書かれています。

納豆屋の棒手振りが朝にやってくると、長屋の住人たちはお鉢を持って外に出ていきました。

棒手振りは、天秤棒に2つの樽を下げていて、1つの樽には粒のままの糸引き納豆、もう一つには叩いたひきわり納豆が大量に入っていました。しかも、刻み葱や練り辛子などの薬味も持ってきてくれている親切さ。「今朝は、ご飯のおかずにするから粒をちょうだい」「うちは、納豆汁にするから叩いたほうを」とめいめいに頼みました。

納豆汁にするときには、具なしの味噌汁をつくっておきます。といっても、お湯に味噌をとくだけです。納豆は風味も旨味も豊かですので、出汁はいりません。ひきわり納豆を買ってきたら、お椀によそった味噌汁にひきわり納豆を入れ、一緒にもらった刻み葱をのせれば、納豆汁のできあがりです。

納豆汁のつくり方で大切なポイントは、お椀に味噌汁をよそってから、ひきわり納豆をそっと入れる、という順番。くれぐれも、お鍋に納豆を入れて火にかけないように。せっかくの風味も納豆菌が与えてくれる健康作用も台無しになってしまいます。

なお、ちょっと贅沢な納豆汁にしたいときには、鶏のミンチを具に使うのが江戸流。豆腐や油揚げを加えてもよいでしょう。

「納豆」というと、東京農業大学の名誉教授である小泉武夫先生を思い浮かべる方も多いでしょう。小泉先生は発酵学が専門で、『納豆の快楽』（講談社）は大変なベストセラーになりました。

小泉先生の講演会でも納豆汁のお話がありました。京と江戸を美濃と信濃を経て結んでいた中仙道には、アップダウンが激しくて、旅人たちが疲れ果てる場所がありました。そこにある宿場では、納豆と豆腐と油揚げが入った味噌汁が出てきたそうです。まさに大豆のオンパレード。旅人たちは、その味噌汁を食べてスタミナを回復し、再び目的地に向けて出発したとのことでした。

今日はがんばるぞ、という日の朝には、ひきわり納豆と豆腐と油揚げの味噌汁で、スタミナをつけて出かけてはいかがでしょうか。

「おから」は倹約によし、健康にもよし

豆腐にただ一つ足りないものがあるとすれば、食物繊維です。豆腐は、大豆を絞った豆乳からつくられます。その過程で出るおからに、食物繊維があります。おからは、大豆の食物繊維と栄養素が豊富な健康食材です。マグネシウムやカルシウムが腸の働きを活発にし、脂質の代謝に必要なビタミンB_2がダイエット効果ももたらしてくれます。

この栄養豊富なおからが、料理といえば煮物、というくらいにしか一般に知られていません。ほとんどは家畜の餌や畑の肥料になるほか、産業廃棄物として処分されます。

一方で、ヘルシー指向の高まりとともに、ドーナツやクッキーなどのスイーツや、ハンバーグやコロッケなどのタネにおからを練り込む方法がよく紹介されています。ただ、実際につくってみると、「また食べたい！」と思うようなおいしさになかなか届きません。安くてヘルシーなのに、こうも残念な感じをぬぐえないのは、おからのボソボソと

した口当たりの悪さゆえではないかと思います。

そんなおからですが、江戸時代は日々の食生活に欠かせない食材でした。安くて腹持ちがよく、保温の作用があるからです。

おからの呼び名も、切らずに使えるから「きらず」といい、その見た目から「雪花菜」という美しい字面が当てられていました。

調理法も多彩で、汁物、煮物、ふりかけからスイーツまで、さまざまに活用されていました。江戸時代の料理本にも数々のおから料理が掲載されていて、「つくってみたい！」と思わせるユニークな料理がたくさんあります。

江戸の料理人が教えるそれらのレシピを再現してみて感じるのは、「おからは、ひと手間かけるとおいしい」ということです。

おからをすり鉢ですって滑らかにしたり、逆に、パラパラになるまで炒ってから使ったり。パラパラのおからは、江戸時代、料理を冷まさないためにも使われました。鰻や鰯、鴨の料理に使って温かさを保ち、味噌汁に溶かして冷めにくくするなどです。

『豆腐百珍続編』には、「狸汁《たぬきじる》」という精進料理が掲載されています。もともとは狸の肉を入れた味噌汁でしたが、獣肉食が禁止されていた仏僧によって、狸のかわりに凍《し》みこんにゃくを使う方法が考え出されました。凍みこんにゃくをちぎって胡麻油で炒り、そこによくすったおからを加えて味噌汁にすると、本物の狸を使った狸汁と味がそっくりになるそうです。

また、醤油で味をつけて炒ると、それだけでふりかけとしていただけます。『豆腐百珍続編』には、このふりかけを使った、とても簡単でおいしい鯛料理が「浅茅《あさぢ》紅魚《たい》」との名で掲載されています。

おからをこのまま産業廃棄物にしておくのは、もったいないこと。おからは買ってきたら、まずフライパンでパラパラに炒ってください。ここまでして冷蔵庫に入れておけば、保存期間を長くできます。そして、日々の味噌汁にスプーン1さじを加えましょう。味噌汁がクリーミーになってコクが増すうえ、冷めにくくなり、飲むと体がぽかぽかしてきます。鍋料理やラーメン、うどんなどの汁に入れてもおいしいです。

■ おからでつくる精進料理「狸汁」

【材料】 ２杯分
おから…50g
こんにゃく…２分の１枚
出汁…500mℓ（2.5カップ）
味噌・胡麻油…各大さじ１
三つ葉、葱など…少々

【つくり方】
①おからと味噌をすり鉢に入れて、よくすり潰す。
②鍋に胡麻油を熱し、指で一口大にちぎったこんにゃくを入れて炒める。
③②に出汁を加えて煮立たせ、①を溶く。椀に入れて三つ葉などをのせる。

■ 鯛を江戸流にいただく「浅茅紅魚」

【材料】 １人分
鯛…１切れ
おから…50g
醤油…小さじ1
胡麻油…大さじ1
粉山椒…少々

【つくり方】
①鯛に塩（分量外）を振って冷蔵庫で一晩寝かせる。
②鍋に胡麻油を熱し、おからをパラパラになるまで炒める。醤油をかけ回して水分が飛ぶまでさらに炒める。
③①を半分に切って蒸す。
④鯛を皿に盛り、②と粉山椒をかける。

【コラム】江戸こぼれ話②

江戸の女はたくましい

■■■

かつての日本の女性の地位は低く、男性の一歩後ろを歩き、健気に従うものだったとよくいわれます。映画やドラマでもそのように描かれます。けれど、江戸は「かかあ天下」の町でした。その証拠が「三行半《みくだりはん》」です。三行半とは、夫が妻につきつける離縁状のように思われがちですが、実際は再婚許可証のことです。頭のよい女性は、結婚の条件として三行半を男性にあらかじめ書かせたのです。別れたくなったときに、いつでも別れられるようにするための、いわば「保険」でした。

江戸は「地女」が圧倒的に少なく、独身男があふれていました。つまり、女は男を選び放題。より条件がよく、自分を大切にしてくれる男が現れたとき、三行半さえ持っていればのりかえられます。反面、男は結婚も難しいのに、再婚となればさらに大変。女房にいなくなられたら困るので、少々の浮気には目をつぶっていたとか。

共働きが普通で、生活も自立していました。手習いの先生もいれば、長屋の子どもたちを預かるシッターさん、裁縫を請け負う仕立て屋さん、独身男の料理をつくってあげる家政婦さんなど、地女も何かしらの仕事をしてお金を稼ぎ、たくましく、したたかに生きていたのです。

江戸っ子の教え「その4」

和食の神髄「旨味」も、
江戸っ子は「よい加減」

命を養う食から、浮世を楽しむ食へ

徳川幕府が成立され、世の中が平定されると、「来世や極楽浄土を待たずとも、今生《こんじょう》（今の時代）を楽しんでいいんだ！」という風潮が庶民たちに広がりました。そして、「なんだか浮き浮きする世の中になってきたじゃねえか」と、「浮世」という流行り言葉が生まれました。

今風の物事には「浮世」とつけることが流行し、浮世絵、浮世風呂、浮世床など、「浮世〇〇」といった言葉が多く出回りました。

江戸の町はどんどん活気づき、それとともに庶民の食も変化していきました。

江戸の初期には、人口の多くを都市建設に集まる肉体労働者が占めていたこともあり、庶民の食は、少しのおかずでたくさんのご飯を食べられるように、塩辛いものが好まれました。沢庵漬けなども今の味とまるで違い、かなりの塩辛さでした。その味といえば、眠っている子どもの口に放り込むと、驚いて飛び起きるほどだったといいます。

物流が発達し、だんだんと各地からおいしいものが入ってくるようになると、料理文化が花開いていきました。とくに、上方から運ばれてくるものは、江戸では「下り物」と呼ばれて珍重されました。一方、江戸周辺でつくられるものは数も少なく、品質も劣っていたため、「下らない物」と呼ばれ、下級品と扱われました。これが、今も日常的に使われる「くだらない」という言葉のルーツです。

元禄から享保期（１６８８〜１７３６年）になると、江戸の経済が急速に発展し、江戸の周辺地域にも地場産業が興りました。それにともない、「下り物」に対して「地廻り物」と呼ばれる特産品が続々と生まれました。

やがて「下り物」と「地廻り物」の立場が逆転します。「食は江戸に限る」ともてはやされ、「江戸の食い倒れ」との言葉も生まれたほど、江戸の食文化は発展しました。現在は「食い倒れ」というと大阪を指しますが、もともとは江戸を指す言葉でした。

それほど食文化が発展した最大の理由は、庶民が食を楽しむようになったことにありました。戦乱の世では「命を養うもの」でしかなかった食に、「楽しむ」という趣向が加わり、それが庶民に広がったことで和食の文化は今に伝わるほど発展したのです。

フランスより先にできた、江戸のレストラン

日本において外食産業が興ったのも、江戸時代でした。

前述しましたが、江戸の町には「地女」が少なく、独り者があふれていました。日本の外食産業は、そんな独身男性の胃袋をつかむことから始まったのです。

江戸初期は、棒手振りなどの行商人や総菜屋から日々のおかずを買い求めて家で食べることがふつうでした。やがて、買った物をその場で食べたいというせっかちな男たちの要望に応える形で、七輪に火を入れて持ち運び、焼き魚や焼き蛤、蕎麦、鰻、おでんといったものを出す屋台が現れました。場所を移動しながら商う「担ぎ屋台」、場所を移動せず屋根つき屋台で営業をした「立ち売り屋台」などが増えていったのです。

また、小売商の酒屋が進化した「居酒屋」も人気となりました。もともと酒の量り売りをしていた酒屋が、その場で酒を飲ませるようになり、やがて簡単な料理も出すようになって、「居続けて酒を飲む」ことから居酒屋と呼ばれるようになりました。

ちょっと、話がそれますが、江戸を舞台にした時代劇で、親分が居酒屋で酒を飲んで

いると、「てぇーへんだ！」と子分が駆け込んでくるシーンがときどきあります。そこにテーブルと椅子があったら、それはファンタジー。小上がりに直に座って、小さなお盆にのった料理や酒を床に置いたのが、江戸の居酒屋でした。なお、初期の江戸では、店舗といっても葦簀《よしず》張りの簡素な店でした。

こうした屋台や居酒屋が、さらに発展するきっかけとなったのが、明暦の大火です。町の復興のために大勢の職人たちが江戸に入ってきました。昼食に家に戻るのも、弁当を持って出かけるのも面倒になった肉体労働の男たちが、屋台で昼飯を食べるようになり、さまざまな料理を出す屋台が立ち並ぶようになりました。夜は外で酒を飲んだり食事をしたりすることが増え、それとともに屋台の数も増えていったのです。

この屋台文化を象徴するのが「江戸前の四天王」という言葉です。その四天王とは、蕎麦、鰻、天ぷら、すしという今に伝わる和食の代表格。ササッと立ち食べできるこれらの料理は、屋台で食べられはじめ、店舗へと発展していきました。

明暦３（１６５７）年は、明暦の大火ともう一つ、日本の外食の歴史において大事な出来事がありました。江戸初の〝レストラン（料理店）〟ができたのです。

『守貞謾稿』によれば、明暦の大火後に、浅草金龍山の門前に、「奈良茶飯」を出す店ができたと書かれています。

奈良茶飯は本来、薄く煎じた茶と塩で米を炊き、炒り大豆などを混ぜあわせ、そこに濃く煎じた茶をかけていただくお茶漬けのようなもので、江戸前期刊行の『本朝食鑑』によれば、東大寺と興福寺の僧舎でつくられたのが最初でした。

それが江戸にて、炊き込みご飯に転じたようです。この日本初の料理店では、ほうじ茶で炊き上げた奈良茶飯と豆腐汁、煮しめ、煮豆などを定食にしてふるまいました。当時は珍しさもあって、江戸中の人が集まるほど盛況だったといいます。

現在、世界でいちばんの高級料理といえば、フランス料理ですが、フランスで初めてレストランができたのは、1789年のフランス革命以降です。ということは、日本では、フランスの100年以上も前に、レストランが誕生していたことになります。

その後、一汁一菜の定食を出す「一膳飯屋」なども登場するなど、たくさんの料理店が繁盛していきました。江戸中期、徳川吉宗の緊縮財政が終わりを告げると、江戸っ子のグルメ志向はさらに拍車がかかり、「料理茶屋」と呼ばれる高級店が現れます。

文化元（１８０４）年には、江戸の料理屋番付もつくられました。そこには、約６００軒もの料理屋がランキング形式で名を連ね、味を競うことになりました。

旨味が日本人を「黄金の舌」の持ち主に育てた

和食において、とても大切にされているのが「出汁」です。出汁の旨味を上手に活かすことが、和食の基本ともされています。

和食の主要な出汁素材といえば、昆布と鰹節です。今では２つをくみあわせることも多いですが、江戸時代は、上方は昆布出汁、関東は鰹出汁が定番でした。

この違いは、水質が生んだものです。関東地方は火山灰を含んだ地質であるため、地下水はミネラル分を含んだ硬水よりの軟水です。一方、関西地方は関東に比べるとミネラル分がさらに少ない軟水です。

昆布に含まれる旨味成分のグルタミン酸は、ミネラル分が入ると溶け出しにくい性質があり、江戸の水ではうまく出汁をとれませんでした。逆に動物性の出汁は上方の軟水ではアクが出過ぎてしまいます。そのため、上方は昆布出汁のまろやかな味、江戸では鰹出汁を中心とするはっきりした味が定着したのです。

ただ、出汁をとって料理をつくるのは、江戸時代に始まったことではなく、縄文時代からすでに行われていたようです。鰹や昆布、干し椎茸、貝類など複数の食材をくみあわせて出汁をとることで、旨味成分は飛躍的に増えます。そうした旨味成分を長い進化の歴史の中で日常的にとり続けてきた結果、日本人は、味覚の研ぎ澄まされた民族となったといわれています。

ちなみに味覚とは、舌の表面に存在する「味蕾《みらい》」というセンサーに、食べ物が接したときに起こる感覚のことで、甘味、塩味、苦味、酸味、旨味の5種類に分類されます。このうち旨味は、20世紀以降の新しい分類で、日本で発見・研究されてきたことから世界でも「umami（ウマミ）」と表現されています。

この旨味を感じとれる日本人の舌の鋭さと繊細さは、世界で類のないものとされます。旨味がどんな食材から抽出されたものかを判別し、なおかつ「おいしい」と感じられるのは、日本人特有の感性といってもよいでしょう。それは、先祖から引き継いだ「黄金の舌」があってのことです。

祝い事のお吸い物の具が蛤のわけ

関東と関西の出汁文化の違いは、今も続いています。

私は関西出身のため、昆布出汁で育ちましたが、大人になり、東京で暮らすようになったときにまず驚いたのが、関東の鰹出汁の食文化です。とくに、鍋料理に驚きました。

私が子どものころ、関西の鍋といえば、昆布出汁で具材を煮て、ポン酢で食べるのが主流でした。ところが、関東では鰹出汁です。鍋の中に、醤油や味噌を直接入れて味をつけるのも、かつての関西の鍋にはなかったもので、目をまん丸にしながらもおいしくいただいたのをよく覚えています。

あるグルメ番組に出演して、江戸時代から続く「はま鍋」をいただいたときのこと。出汁と酒だけで蛤を煮て、貝の口が開いたらすぐにとり出していただく、というのがはま鍋です。蛤は、口が開いた瞬間がもっとも美味。そこで、蛤をザルにたくさんのせておき、熱くなった出汁に蛤をポンと入れ、口が開いては食べ、というのをくり返します。蛤のしゃぶしゃぶ版というとわかりやすいでしょうか。

はま鍋は、蛤の旨味もおいしさのポイント。それは、昆布出汁でこそ引き立つもの、と関西育ちの私は思うのですが、このときは鰹出汁が使われていました。思わず、「鰹出汁ではなく、昆布出汁にしたほうがおいしいと思います」とコメントしたところ、あえなくカットされてしまいました。

江戸っ子も、蛤をよく食べました。江戸前の海は遠浅で、川から流れ込む栄養分が混じるため、蛤をはじめ、蜊や蜆、バカガイ、サルボウなどがざくざく獲れました。はま鍋も頻繁にしていたことでしょう。今では蛤は高級品になっていて「思う存分、食べる」というのはなかなか難しくなっていますが、それでもこのはま鍋は絶品です。残った煮汁をお吸い物や雑炊にすれば、おなかも心も満たされることでしょう。

ちなみに、和式の婚礼の席では、蛤のお吸い物が出されます。これは、8代将軍・吉宗が定めたことです。

それまで、婚礼の席でのお吸い物は、具が決まっておらず、山鳥や兎《うさぎ》、大名家では鶴や白鳥など、高価な食材を団子にして使っていました。しかし、吉宗は質素倹約を旨とする人物。そんな贅沢はもったいないと考えました。そして、蛤に注目したのです。「蛤のつゆというのは、非常にうまいではないか。こんなうまいものが安く大量に手に入るのだし、蛤は夫婦円満を寿《ことほ》ぐ席にまことにふさわしい」とし、「以降、婚礼の席の吸い物は蛤に限る」というお触れを出したのです。

いくら味がよかろうが、ふだんから食べている蛤では、ハレの日気分が台無し、と当時の人たちは残念に思ったことでしょう。とはいえ、蛤が夫婦和合の象徴であったことは、平安時代から伝わる「貝合わせ」の遊びからもうかがいしれます。蛤は、他の個体とは形が合致しないことから、二夫にまみえぬ貞淑の証とされてきたのです。

その後、蛤は婚礼の席だけでなく、3月3日の節句のお吸い物にも使われるようになりました。蛤は、今ではすっかり高級食材で、婚礼の席などハレの日にふさわしい食材といえるようになりました。

出汁をとらずとも、和食はつくれる

2013年、「和食」がユネスコ無形文化遺産に登録されました。自然の美しさを料理で表現し、なおかつ栄養バランスのよい、健康的で伝統的な日本人の食文化は、世界から熱い視線を集めています。

ところが当の日本では、和食離れが進んでいます。世帯当たりの米への支出額は、パン・麺などの小麦粉食品を大幅に下回り、牛乳・乳製品や肉類の消費量は増加しています。食の欧米化が進んだことが、和食離れを引き起こしている、と見られています。

ただ私は、日本人が和食を「難しく考え過ぎている」ことも、和食離れの一端になっていないかと感じています。出汁のとり方や野菜の切り方など、和食には〝決まりごと〟が多くあるように感じて、面倒に思う人が多いのではないでしょうか。

朝食に「パン派」が増えているのも、「朝はトーストとコーヒーさえあれば、簡単にすませられる」という人が多いからでしょう。

しかし、和食の基本を築いた江戸っ子たちも同様に、毎日の食事を簡単にすませることを旨としていました。江戸っ子はせっかちで、いい加減なところがおおいにあります。そもそも、「家に帰るのが面倒だから」という江戸っ子の胃袋を満たすところから屋台文化が興り、「江戸前の四天王」は発展しましたし、家庭料理も「いかに手間暇かけずに、倹約しながらおいしいものを食べるか」がもっとも大事だったのです。

たとえば現代では、和食をつくるには、まず出汁が必要になります。料理のレシピを見れば、当たり前のように「出汁」の文字が登場します。しかし、「この出汁をとるのが大変なのよ」と感じる人も多いでしょう。

たしかに、和食に出汁は欠かせないものです。出汁に慣れ親しむことは、繊細な味わいまで感じとれるほど敏感に味覚を育てます。旨味があれば、塩味が少なくても「おいしい」と感じとれ、塩分を抑えられます。出汁の効いた汁を口に含むと、それだけで心がほっこりと癒されます。

そうとはいえ「出汁を一からとらなければ、和食はつくれない」ということでもありません。和食をつくることが面倒に感じるならば、「出汁をとらなくても和食はつくれる」と気軽に考えましょう。今は、出汁パックという便利なものもあるので、そうしたものを上手に活用するのもおすすめです。

そもそも、和食の基礎を築いた江戸っ子たちは、毎日の食事で出汁をとっていなかったと思います。「銀シャリを山盛り食べられれば、それだけで幸せ」としていた独身男性や、忙しく働いていた長屋のおかみさんが、味噌汁や煮物をつくるためにていねいに出汁をとったとは考えにくいのです。そもそも、鰹節や昆布は高級品で、一般の家庭で頻繁に使えるものではありませんでした。

享保期（1716〜1736年）以降になると、煮干しなどが普及し、庶民にも出汁文化が浸透し始めましたが、高価な鰹節や昆布の出汁を使う料理は、料理店や定食屋の仕事でした。

日本最古の料理専門書にして江戸時代の代表的な料理本とされる『料理物語』（1643年刊）には、二番出汁の記述も見られ、昆布が出汁の素材として使用されていることも記されています。出汁のおいしさをいただく澄まし汁などは上等な料理で、料理店で食べるもの、と江戸っ子は考えていました。

もちろん、家で出汁をとることも、澄まし汁をつくることも、ときにはありました。

ただ、とくに澄まし汁は正月の雑煮などハレの日の特別料理でした。

それも「一番だし」とか「二番だし」などのように、ていねいにとることはしていません。江戸の鰹出汁は、ぐつぐつ煮出してとるものでした。大量の鰹節を使って、水量が70パーセント前後になるまで煮詰め、えぐみも旨味とばかりに濃く出していました。そのえぐみを濃口醤油で中和させ、メリハリのある味に仕上げていたのです。

ですから私たちも、〝和食の決まりごと〟のようなものにあまり縛られず、「おいしければすべてよし」と和食をもっと気軽に楽しみたいものです。

江戸っ子の味噌汁は、出汁いらず

江戸っ子にとって、ふだんの日の食事に味噌汁は欠かせないものでした。前述しましたが、たいていの場合、味噌汁は朝つくります。

もちろん、毎日の味噌汁に高価な鰹節は使いません。

では、出汁はどうしたでしょうか。

出汁をとらずに、旨味たっぷりのおいしい味噌汁をつくっていました。それは、「野菜の旨味」を上手に活用する方法です。といっても、難しいことではありません。江戸っ子の味噌汁は、とにかく具だくさん。そのたくさんの具から染み出すさまざまな旨味を、味噌で一つにまとめていたのです。

江戸の料理本には「人参で出汁をとる」という記述も出てきますし、ごぼうや長葱、わかめ、油揚げなどからもよい出汁がとれます。また毎朝、棒手振りが売りに来る蜊や蜆、蛤などを使えば、出汁は必要ありません。

きのこ類も旨味たっぷりの食材です。平茸、椎茸、初茸、しめじ、えのき、舞茸などは、江戸の料理本にたびたび登場します。毎日の味噌汁をつくる際にきのこを加えるだけで、旨味がいっそう増します。私たちが手に入れられるきのこは工場で栽培されたものですから、石づきをとれば、洗わずに使えるのも手軽です。

さらに一歩進んで、「きのこのとぎ汁漬け」をつくる際に出るゆで汁を味噌汁に使いうのもおすすめです。きのこのとぎ汁漬けは、食物繊維が豊富なうえ抗酸化力も強く、腸活と美容に最高の一品です。

■ 腸活と美容に最高「きのこのとぎ汁漬け」

【材料】 つくりやすい分量
漬け汁…適量
※漬け汁のつくり方は67ページ参照。
しめじ・しいたけ・えのきなど…各１パック
※きのこは、手に入るもので可。何種類でもよいが、３種類以上使うと美味。

【つくり方】

①きのこは石づきを切って、食べやすい大きさに切ったり、割いたりする。
②たっぷりのお湯を沸かし、①を加えて１〜２分沸騰させないように中火でゆで、きのこをとり出す。
③保存容器に②のきのこを入れ、きのこがかぶるくらい漬け汁を注いだら、ふたをして冷蔵庫で保存する。

※きのこのとぎ汁漬けは、味噌汁や澄まし汁、ぬた、白和え、炒めもの、パスタ、サラダなど、どんな料理にも使える。
※きのこのゆで汁は、味噌汁や澄まし汁、炊き込みご飯、すき焼きなどの鍋物に使うと、きのこの風味が効いておいしい料理にしあがる。

きのこでとぎ汁漬けをつくるときには、お湯で一度ゆでてから、漬け汁に浸しましょう。ゆで汁は捨てずに味噌汁に使えば、きのこの旨味が豊かな一杯を味わえます。ゆで汁をみりんと醤油で味を調えれば、澄まし汁にもなります。また、このゆで汁で炊き込みご飯やすき焼きをしても絶品です。

では、いつごろから味噌汁には出汁が必要という常識ができたのでしょうか。

戦後から高度成長期、定食を出す料理店が増えました。店では経費削減のために具のとても少ない味噌汁が出されました。でも、出汁をとっていたので、旨味に問題はありませんでした。それに影響されて、家庭でも味噌汁に出汁が使われる一方、具の少ない味噌汁がつくられるようになったのだと思います。

江戸時代、具だくさんの味噌汁はご飯のおかずとされていましたが、現代ではおかずが豊富にあり、味噌汁が完全な脇役となってしまったことも、具の量が減ってしまった理由にあると思います。

火を使わず、水出しで出汁をとる

昆布や鰹節からとる出汁は、時間があるときには、一からていねいにとるとよいと思います。出汁の香りは、心をほっこりと癒し、ストレス解消の効果もあります。

一方、時間がないけれども、天然の素材からとった出汁を味わいたい、もしくは顆粒出汁を使うのは引け目を感じる、食品添加物や塩分が気になる、というときには、「水出し」という方法をおすすめします。これは、冷蔵庫を持つ現代の私たちだからこそできる出汁のとり方です。

用意するのは麦茶用のポットとお茶パック１枚。それに、昆布、鰹節、お好みで煮干しです。

つくり方は簡単です。麦茶ポットに水を入れ、昆布と煮干しを入れます。お茶パックには適量の鰹節を詰め、それも麦茶ポットに入れます。分量としては、お好みしだいですが、水１リットルに対し、昆布は３×５センチ程度、鰹節は約10グラム、煮干し３匹です。これを一晩（８～10時間）冷蔵庫に入れておくだけで、鍋や火を使わなくても、澄んだ味わいのきれいな出汁をとれます。

出汁の素材は、それぞれ単品で使ってもよいですし、昆布と煮干し、昆布と鰹節とくみあわせて使うのもおすすめです。

ちなみに、昆布と鰹節をあわせると、旨味の相乗効果は、片方だけの場合より7〜8倍にも膨れ上がることがわかっています。

出汁が残ったら、出汁殻をとり除き、製氷機やフリーザーバッグなどに移して、冷凍しておくと、いつでも使いたいときに使えて便利です。

なお、出汁殻も捨てません。鰹節はゴマ油で炒めて、醤油と酒を加えて、さらにカラッとなるまで炒めれば、ふりかけになります。

出汁殻の昆布は、小さな短冊に切って、酢に漬けておけば、酢昆布になります。1つ専用の保存容器をつくって、出汁殻の昆布が出るたびに短冊に切って酢に漬けておくと、漬物感覚でいただけます。おかずが油っぽいときはとくに、酢昆布が口をさっぱりさせてくれます。

また、「酢」「酢＋ハチミツ」「ポン酢＋みりん」といくつかの種類をつくっておくと、飽きずに続けられます。

煮干しは、醤油と酒、砂糖で炒めれば、甘辛炒めになります。ちなみに、江戸っ子はそのまま味噌汁の具の一つとして食べていました。

焦がし味噌汁で最高に幸せなひとときを

出汁を使わずおいしい味噌汁をつくる方法は、まだあります。

一つは、「焦がし味噌汁」です。

まず、鍋を空焼きします。鍋は、味噌汁をつくれるものならば、どんなものでも大丈夫です。鍋が熱々の状態になったら、木べらなどに味噌をのせて鍋肌に平たくこすりつけます。味噌がジュ―ッと音を立てて焼け、焦げてきます。軽く焦げてきたところで、熱湯を注ぎます。すると焦げ味噌の香ばしさで、格別においしい味噌汁ができます。

ここに、刻み葱をたっぷり入れるだけで、出汁を使わなくても、十分においしい味噌汁になります。私は、鯵を叩いたものも入れます。すると、鯵の旨味で味噌の香ばしさがさらに引き立ち、最高に幸せな瞬間が訪れます。

二つめは、とろろ昆布を使う方法。出汁を使わずにつくった味噌汁をお椀によそったら、とろろ昆布を一つまみのせます。それだけで旨味が一段アップします。

最近はとろろ昆布の消費量が減ってきていますが、私が子どものころ、関西では多くの家庭でとろろ昆布を常備し、料理によく添えていました。冷や奴や青菜のお浸しにのせたり、おむすびにまいたり、味噌汁に加えたり、ご飯にのせたりなど、とにかくよく使っていました。

とろろ昆布は、昆布を極めて薄く削っているので、昆布をまるごとおいしく食べられます。そのため、昆布の持つ栄養をあますところなく摂取できます。

とくに昆布は、水溶性食物繊維が豊富です。水溶性食物繊維は、腸内細菌の働きを活性化させて腸内環境を整える働きがあることは前述しました。昆布の水溶性食物繊維は、アルギン酸とフコイダンという栄養素です。昆布に含まれるアルギン酸には、ナトリウムを排出させる作用が高く、高血圧予防によいとされています。

一方、フコイダンは、免疫力の向上に役立つとわかっています。免疫細胞の一つであるナチュラルキラー（ＮＫ）細胞の働きを活性化させるためです。ＮＫ細胞は、たえず人の体内をパトロールし、外から侵入したウイルスや細菌、また体内で発生したがん細胞など、「異物」と感知したものをただちに排除してくれる免疫細胞です。

さらに、現代人に不足しがちなカルシウムやマグネシウムなどのミネラル類も豊富です。美のビタミンと呼ばれるビタミンA、糖質をエネルギーに変えるビタミンB_1、脂質をエネルギーに変えるビタミンB_2なども多く含まれています。低カロリーなのにこれほど栄養価が高いというのは、理想的な美容・健康食品といえるでしょう。

ただし、気をつけなければいけないのは、昆布にはヨウ素も多いということ。ヨウ素も私たちの健康に欠かせない栄養素ですが、とり過ぎれば甲状腺が腫れるなどの疾患が起こるとされています。昆布を美容と健康に活かすには、一度に大量に食べるようなことをせず、適量を日常的にとることが大切です。

とろろ昆布を常備してあると、体調の優れないときにも重宝します。お椀に味噌を入れてお湯でとき、とろろ昆布をのせるだけで、火を使わずに即席味噌汁ができます。そこに鰹節も加えれば、さらに栄養価も高く、旨味にも優れた1杯になるでしょう。

江戸っ子の教え「その5」

「味噌」「醤油」で体の毒を出す

毒出しこそ健康長寿の秘訣

江戸時代の人々を「短命だった」と考えている人は多いと思います。

実際、江戸時代の平均寿命は、30代とも40代ともいわれます。

ただそれは、出産時や乳幼児期に死亡する人や感染症で死ぬ人が多かったためでもありました。糠漬けが発明される以前は、脚気で命を落とす人もいました。これらによる死を避けることができれば、長生きする人も多くいたのです。

健康にとかく気を遣っていた徳川家康が75歳まで生きたことは有名ですが、浮世絵師の葛飾北斎は88歳まで生きましたし、蘭学医の杉田玄白は83歳、初めて実測による日本地図を完成させた伊能忠敬は73歳、浄瑠璃と歌舞伎の作者の近松門左衛門は72歳まで生きました。

私が江戸の食材を健康面で調べる際に、参考にしている書籍に『養生訓』〈全8巻、正徳2〈1712〉年〉があります。『養生訓』は福岡藩の本草学者で儒学者でもある貝原益軒が書いた、綿々と読み継がれている健康指南書です。本草学とは、中国の薬物学で、日本では江戸時代に全盛を極めました。

貝原益軒が83歳のときに『養生訓』を出版すると、江戸で大ベストセラーになりました。そこには、自分自身の実体験に基づいた、精神の持ちようから日常生活、飲食、用薬についてなど、元気に長生きする健康のコツが細かに示されています。貝原益軒は、虫歯や入れ歯が一つもないまま85歳まで生きたといわれます。『養生訓』では、

「こうなろうと思ったら、まずさきにいった道を考え、養生の術を学んで健康を保つことである。これが人生でいちばん大事なことである」

と人生における養生の重要性を説きました。

さらに、「人生五十にいたらざれば、血気いまだ定まらず。知恵いまだひらけず」とも貝原益軒は書き記しています。学問が進んだり、知識が開けたりするのは、長生きをしないとできないのだから、50歳になる前に死んでしまうのは「夭（わかじに）」であり、人生の道理も楽しみも知らない不幸なことであるといっているのです。また、人が円熟するのは60歳の寿域に入ったころからであり、人の寿命は100歳で、上寿は100歳、中寿は80歳、下寿は60歳としています。そして、「養生の道にしたがわないと、

生まれつき強く若く元気のいい人も天寿をまっとうせずに早死にすることが多い。これは天が下した禍でなく、自分がまねいた禍である」とも記しています。

江戸時代、「毒出し」という考え方も生まれています。現代でも、健康長寿を考えるうえで、体内の不要物を排出する毒出しは重視されます。今でいう「デトックス」のことで、そのためには何を食べるとよいかとよく話題に上がります。

江戸時代、毒出しに欠かせない食材の一つに数えられていたのが、味噌です。

医師であった人見必大は自然医学の本『本朝食鑑』に、味噌について「大豆の甘、温は気をおだやかにして腹中をくつろげ、血を活かし、百薬の毒を解す。麹の甘、温は胃に入って、消化を助け、元気を運び、血のめぐりをよくする。痛みを鎮めて、よく食欲を引き出してくれる。嘔吐をおさえ、腹下しをとめる」と記し、また「一日もなくてはならないものである」「元気をつけて、血のめぐりをよくする」「髪を黒くし、肌を潤す」ともしています。

また、毒消しのついでに紹介すれば、醤油の項には「一切の飲食および百薬の毒を殺す。一日たりとも無くてはすませることはできないものである」と書き、納豆の項には

「腹中を整え食を進め、毒を消す」と示しています。

世界一の長寿を支える味噌のすごさ

発酵文化を語らずして和食は成り立ちません。

日本は、世界有数の〝発酵大国〟です。気温や湿度の面から見ても発酵に最適な風土に恵まれているわが国では、さまざまな発酵食品が誕生し、食べ継がれてきました。

発酵と腐敗は、微生物の働きによって起こるという点では共通しています。カビや細菌などの微生物は、付着した食べ物から栄養分をとって、新しい成分を生み出します。そのとき、人体に有益な物質を生むと「発酵」、有害な物質を生むと「腐敗」と呼ばれます。

冷蔵庫のない江戸時代、発酵によって得られるメリットの中で、もっとも重大な意味を持ったのは、保存性の向上でした。発酵が進むにつれて、食材の旨味が増し、香りがよくなり、ときに酸味が生まれたりすることも、経験的に知っていました。しかもそれを食べると、元気が出て、おなかの調子もよくなります。そうした食の経験が、さまざまな発酵食品を日本中に生み出していきました。

日本の発酵食品の最大の特徴は、麹を使っていることです。

麹とは、米や麦、大豆などを使って麹菌を繁殖させたもので、麹菌はカビの一種であり、日本のように湿気の多い地域で繁殖します。東南アジアや東アジアでも麹菌を使った発酵食品がありますが、そのカビはクモノスカビ属や毛カビ属です。日本の麹菌は、アスペルギルス属という種類です。このカビで麹をつくれるのは、世界中を探しても日本だけです。

和食に欠かせない調味料である味噌、醤油、酒、酢、味醂はすべて、この日本独自の麹を使ってつくられています。ちなみに、麹菌は２００６年に日本醸造学会で「国菌」と認定されました。

日本は世界一の長寿国ですが、日本人の長寿を支えている要因の一つに、麹菌を使った調味料を毎日とっていることが考えられます。とくに味噌の効能は大きいでしょう。

「味噌の三礎（みそ）」という言葉にも、味噌が長寿の秘訣であることが表されています。

(1)味礎＝調味料の基本
(2)身礎＝健康を維持し、命を養う
(3)美礎＝美しさを保ち、老化を予防する

他にも、「味噌は医者殺し」「味噌汁は朝の毒消し」「味噌汁は不老長寿の薬」などの言葉がいくつも残されていますが、それは、昔の人が経験知として味噌の高い健康効果を実感していたからに他なりません。

なお、味噌汁は別名「御味御汁《おみおつけ》」、あるいは「御御御汁《おみおつけ》」とも表されます。一語の中に「御」という字を重ねているこの言葉からもわかるように、古くから味噌汁は卓上の重要な一品と格づけされてきたのです。

味噌汁が鎌倉武士の原動力に

味噌が日本で最初に文献に出てきたのは、701年に制定された『大宝令』です。こ

こに「未醤（みしょう）」という文字が登場します。発音が「味噌」に近いことから、古代中国から伝来した「醤《しょう》」に日本人が独自に工夫を加えた新しい調味料で、「味噌」の前身ではないかと考えられています。ただし、縄文時代に日本でつくられていた、どんぐりの発酵食品が起源とする説もあります。

平安時代、味噌は「なめ味噌」や「金山寺味噌」のように大豆を粒のまま食べるものでした。これらは高級品であったため、公家や上級武士、僧侶といった特権階級だけが口にできる代物でした。

鎌倉時代になると、料理に画期的なできごとが起こります。中国からやってきた僧侶が、すり鉢とすりこ木、石臼を日本に持ち込み、食材をすり潰すという方法が調理に加わったのです。

これによって、味噌もすり潰して溶かして飲む、という方法が誕生しました。

鎌倉時代の武士の食事の基本は、「一汁一菜」です。主食の玄米と漬物に加えて、味噌汁と干物などのおかずが一品。それが幕府を築き、発展させた武士たちの活力のもとだったのです。ここでいう「一汁」は、汁物ならなんでもよいわけではなく、味噌汁に限定されていました。

ただ、鎌倉時代はまだ、味噌汁は武士や僧侶などの特権階級の人々だけが食べられるものでした。庶民が食べられるようになったのは、室町時代になってから。栽培奨励策により大豆の生産量が増えて、農民たちが自家製味噌をつくるようになり、味噌汁が庶民の間に浸透していきました。現代に伝わる味噌料理の基本がつくられ始めたのも室町時代です。

戦国武士たちが兵糧にした「味噌玉」

応仁の乱（１４６７～１４７７年）以降の約１００年。戦に明け暮れた戦国時代の名将たちは、兵糧として味噌に重きを置きました。

戦に赴く者たちにとって、エネルギー源になる玄米と栄養源となる味噌は、戦陣食として欠かせないものでした。とくに味噌は調味料にもなり、保存可能な貴重なたんぱく源でもありました。

「味噌汁一杯三里の力」という諺もあるほど、味噌汁は戦国武士たちのスタミナ源だったのです。

その運搬に重宝されたのが「味噌玉」でした。

兵糧としてつくられた味噌玉は、煮干しや干し海老、鰹節、昆布、干し椎茸などを粉にした出汁になる素材と、すり胡麻やおろし生姜、刻み干し柿など、具になる物を味噌に混ぜ込み、一人分ずつを丸く固めて天日干しにしたものです。出陣の際に、味噌玉を持参すれば、戦場下にあってもお湯を注ぐだけで味噌汁を飲めます。お湯を注ぐ余裕のない状況では、味噌玉をなめて糧にしました。

この味噌玉、忙しい現代の生活においても、非常に便利です。

つくり方は簡単です。まず出汁の素材ですが、これは顆粒出汁が便利です。便利さよりも健康効果を重視したい場合には、戦国時代と同じように、天然の出汁素材を粉状にして使うとよいでしょう。具材は、わかめや寒天など乾燥した海藻類、切り干し大根や長葱、青菜などの野菜を乾燥させたもの、高野豆腐や麩などがおすすめです。七味唐辛子や胡椒、山椒などの薬味を混ぜ込んでもおいしくなります。

これらの出汁と具材をお好みで用意したら、味噌によく混ぜて10円玉サイズの玉に丸めます。現代は冷蔵庫があるので、天日干の必要はありません。密閉容器に入れて、冷蔵、あるいは冷凍すると、長期保存できます。生の具を入れなければ、冷蔵でも1か月以上は日持ちするでしょう。

５００グラムの味噌で、約30個の味噌玉ができます。いろいろな出汁素材や具でバリエーションある味噌玉をつくっておけば、日替わりでさまざまな味噌汁を楽しめます。米味噌、麦味噌、豆味噌を好みでブレンドすると、味わいも深くなるでしょう。

また、味噌玉をオーブンでほんのりきつね色になるまで焼けば、味噌の香ばしさが引き立つ味噌汁になります。オリーブオイルや胡麻油を塗って焼くと、ひと味違った風味が加わり、こちらもまた美味です。

食べ方は、お椀に1玉入れてお湯を注ぐだけ。それだけで、ほっこりと癒される味噌汁ができ上がります。お湯を用意できる場所にお弁当を持っていくときには、ラップにくるんだ味噌玉を1つ入れておけば、外出先でも味噌汁を飲めます。インスタント味噌汁を購入するより経済的ですし、健康的です。

家康がつくらせ、大戦で消えた「江戸甘味噌」

江戸時代になると、全国各地でそれぞれの気候風土や嗜好にあった味噌が多種多様につくられるようになりました。

「手前味噌」という言葉があります。「わが家の味噌がいちばんおいしい」との自慢から生まれた言葉で、味噌は各家庭でつくる、ということを前提にした言葉です。「買い味噌は恥」「味噌買う家に蔵は建たぬ（味噌を買うような無駄遣いをしていては、お金が貯まらない）」といわれるほど、自家醸造が当たり前でした。

ただし、江戸の庶民は話が別。女手が足りず、長屋の台所は狭くて味噌をつくれるような環境ではありません。江戸っ子にとって味噌は、つくるものではなく、買うものでした。

とくに、伊達政宗が生産を奨励した仙台味噌は、コクがあって大豆の旨味を強く感じられ、江戸っ子の好みにマッチして人気がありました。ところが、徳川家康は「このままでは運送費もかかるし、あまりにもったいない」との理由で、「江戸市中で味噌をつくれ！」とお達しを出しました。しかも、「京の白味噌の甘味と、三河の赤味噌のコクの両方を持つ味噌」を江戸産の味噌の特徴としてリクエストしたのです。

言うは易く行うは難し、というのが世の常。そもそも江戸では土地が不足し、味噌を半年間も寝かせておける場所や時間の余裕がありません。そこで、味噌の生産効率を上げるために米麹を贅沢に使って発酵力を高め、熟成期間をわずか10日〜１か月に短縮させた新製品「江戸甘味噌」を開発したのです。

江戸甘味噌は、賞味期限が短いうえ、値段も高価でした。しかし、たっぷりの米麹による甘味の効いた風味は、田楽やどじょう汁、ぼたん鍋などの料理によくあい、たちまち人気となって、江戸料理の発展を支えました。

江戸甘味噌は、戦前まで東京の味噌需要の過半数を占めていました。ところが今は、「幻の味噌」になっています。理由は、第二次世界大戦下において「米を大量に使う味噌など、とんでもない贅沢である」と製造中止命令が出されたためです。昭和26（１９５１）年に統制は解除されましたが、約10年の空白期間に江戸甘味噌の味はすっかり忘れ去られてしまいました。

現在は知る人ぞ知る味噌として、数社でひっそりとつくられるのみです。

毎日の味噌汁ががんを防ぐ

現代では、味噌の研究が多角的に行われ、たくさんの報告がなされています。

たとえば国立がんセンター研究所・故平山雄博士が1981年に発表したレポート「味噌汁を飲む頻度と胃がんによる死亡率との関係」によると、「味噌汁を飲む人と飲まない人を比べると、とくに男性の場合では、まったく飲まない人の死亡率は、毎日飲む人に比べて、約50％も高くなる」と報告されました。なお、心筋梗塞、肝硬変などの場合でも同じような傾向が見られたそうです。

女性では、味噌の抗がん効果でとくに注目されるのが乳がんです。味噌にはフィト・エストロゲンという植物性の女性ホルモン作用物質が含まれています。2003年の厚生労働省研究班の報告では、1日3杯以上の味噌汁を飲むことで、乳がんの発生率が40％減少するとされました。

今、日本は超高齢社会にありますが、おおいに期待したいのは、東京農業大学・小泉武夫名誉教授が報告している「発酵によって味噌に老化制御機能が生まれる」というもの。毎日、味噌汁を飲むことで、老化予防が期待できるということです。

広島大学名誉教授で味噌博士とも知られる医学博士・渡邊敦光先生は、1980年から味噌の有効性について動物実験に基づく研究をされています。味噌は産地によって種類が違い、色や風味も変わります。しかし、健康効果という面で見ると、大事なのは産地ではなく、熟成期間だと渡邊先生は話されています。6か月以上熟成させたものがより健康効果が高まり、2年目ごろになると、さらにいろいろな有効成分が出てくるとのことです。

ただ、熟成期間は長ければ長いほどよいわけではなく、5年を過ぎると効果が落ち始め、10年も経つと失効するとのことでした。

これは豆味噌や麦味噌でも同様で、麹の違いは関係していないそうです。

味噌汁を飲むと高血圧予防になる

私は以前、日本の基本調味料に関する記事を新聞で連載していたことがあります。そのとき、いくつかの味噌蔵を取材したご縁で、全国味噌工業協同組合連合会の会合にお招きいただき、そこで味噌博士の渡邊先生の講演を拝聴しました。

渡邊先生は、日本人の味噌汁離れが進んだ一因に、高血圧症と結びつけられたことが大きいだろうと話されました。「味噌汁は塩分が多いので、血圧が上がる原因になりやすく、飲む量を減らすように」と指導する医師や栄養士が多くいたのです。渡邊先生はこれを「冤（塩）罪」と話されました。

では、この「冤（塩）罪」はどこから起こったのでしょうか。

渡邊先生が話されるには、かつて、日本の東北地方、広島、アメリカのコネチカット、マーシャル諸島で食塩の摂取量と血圧との関係を調べた結果、食塩を多くとる地域ほど血圧が高いことがわかり、ここから「食塩摂取量が多いと血圧が上昇する」という減塩神話が生まれたそうです。この研究結果に紐づけられ、高血圧の改善には減塩が必要で、味噌汁も飲む回数を減らしたほうがよい、といわれるようになりました。

ところが、別の調査では異なる結果が出ています。アメリカ、イギリス、中国、日本で、塩分量と血圧の関係を調べたところ、日本人は諸外国に比べて、ナトリウム（塩分）の摂取量が多いにもかかわらず、最高血圧の平均は低い値を示しました。また、日本人の塩分摂取量は多いのに、なぜ、日本人は平均寿命が長いのかと、諸外国の研究者は不思議に思ったそうです。

そこで注目されたのが、味噌汁をとる独自の食文化です。

味噌に含まれる機能性成分は、健康増進に働くことがわかっています。機能性成分とは、体調を整え、免疫力を高める成分のことで、継続的にとることで効果を発揮します。また、味噌汁の具になる野菜や海藻にはカリウムが多く、カリウムには余分なナトリウムを体内に排出する作用があります。こうした効能により、味噌汁を毎日飲む日本人は、最高血圧の値が他国より低く、平均寿命が長いのだろう、と渡邊先生は話されました。

ちなみに4年間のフォローアップによって、味噌汁を1日2杯飲んでいた人は血圧がもっとも上がりにくいことがわかったそうです。また、味噌に含まれる26種類の物質が明らかにされ、そこに血圧を抑える物質4種類と血糖を下げる物質1種類が見つかったとのこと。これらの物質の多くは、発酵が進むにつれて増えました。つまり、熟成が適度に進んだ味噌ほど健康作用が高い、ということがここでも証明されたわけです。

さらに、食塩をとったとき、血圧が上がる人と上がらない人がいる、ということもわかっています。以前、塩のスペシャリストに取材したことがあるのですが、「塩分を控えることで血圧が下がるのは、4～5人に1人」とのデータが出ていると聞きました。塩分を控えれば、全体の約20パーセントは血圧が下がるものの、逆からいえば、塩分を控えても約80パーセントの人は改善がみられない、ということです。

もちろん、味噌が万能とはいいませんし、塩分を多くとってもかまわないともいいません。ただ、味噌汁を毎日飲むと血圧が上がる、というのは、明らかな間違い。味噌は日本人の体質向上に役立つ、副作用の心配がまったくない健康食品なのです。

忙しいときの簡単味噌汁のつくり方

「体の養い」になる味噌ですが、一方で、味噌離れが起こっているのも事実です。

原因は、「冤（塩）罪」以外にもあります。

一つは、食文化の多国籍化。和食の回数が減れば、味噌汁をとる回数も減ります。

二つめは、味噌汁づくりのプロセスです。忙しさに加え、コンビニなどで簡単に食べ物が手に入る現代では、味噌汁をつくる手間を面倒に感じることも多いと思います。

味噌汁の具は多ければ多いほど、体によいことに違いはありません。しかし、具のしたくが面倒で「味噌汁を食べない」という選択をするならば、「具なんてなくてもいい」というのが私の意見です。

今は江戸時代と違って、おかずもいろいろありますし、味噌汁の最大の目的は味噌の栄養を積極的にとることにあります。

実際、味噌をお湯に溶いてそれだけ飲む、ということは昔から行われていました。

たとえば、鹿児島県には「茶節」という郷土料理があります。マグカップに鰹節パックを1袋と味噌大さじ1を入れ、緑茶を注いで少し待ち、かき混ぜるだけの味噌汁です。

疲労時や二日酔いのときなどに、よく飲まれるとのこと。簡単につくれますが、味噌と鰹節と緑茶の栄養をとれて、最高の一杯になります。

また、「野菜を切ったり洗ったりすることが手間」というならば、卵を割り入れて半熟に固めただけでも美味ですし、現代を生きる私たちだからこそ手にできるものを上手に活用しましょう。市販のフリーズドライの野菜や若芽《わかめ》、冷凍野菜を具にする、などです。たとえば、豆腐を手で崩し入れ、乾燥若芽となめこを入れれば、心もほっこり温まるなめこ汁ができあがります。里芋とほうれん草の味噌汁も、市販の冷凍野菜を利用すれば簡単につくれます。市販の冷凍野菜は旬に収穫されたものを徹底した温度管理のもとで冷凍するので、栄養価が高く、栄養素によっては生野菜より増えるものもあります。

また、出汁なしで味噌汁をつくったけれど、旨味がもの足りないと感じたときには、練り辛子や粉山椒、七味、生姜、柚子胡椒、すり胡麻、もみ海苔、青海苔、とろろ昆布などをお椀に直接入れてみてください。風味が増しておいしくなります。冷蔵庫に薬味の米のとぎ汁漬けがストックしてあれば、その薬味を味噌汁に入れるとなおよいでしょう。

また、残り物のおかずを味噌汁の具に使うという方法もあります。食べ残してしまった刺身があるときには、水に酒を加えて煮立てたところに刺身を入れて軽く火を通し、味噌を溶き入れれば、魚の味噌汁ができ上がります。また、天ぷらが残ったら、翌日は天ぷらの味噌汁にしましょう。つくり方は、これも簡単。お椀に1人分の味噌を入れてお湯を注いで溶かしたら、そこに残り物の天ぷらをのせればできあがり。いつもよりちょっと贅沢なごちそう味噌汁になります。

江戸っ子は、味噌漬けで食材を保存していた

現代人に味噌離れが起こっている原因は、もう一つ考えられます。

味噌汁以外の味噌料理の認知度の低さです。醤油を使う料理に比べて味噌を使う料理がどれほど少ないことか。とくに東京や大阪では、味噌汁以外の料理には味噌を使わない、というご家庭も多いのではないでしょうか。

味噌は、江戸っ子にとっては、味噌汁をつくるだけでなく、漬け床としても身近な調味料でした。冷蔵庫のない江戸時代、人々は食材を保存するためにさまざまな工夫をしました。天日で干したり、塩や醤油、糠床に漬けたり、発酵させたりなど、その工夫は

多岐にわたりました。

なかでも、とくに手軽だったのが、味噌漬けでした。何しろ一度漬けてしまえば、糠床のように毎日混ぜ返して世話をする手間もなく、手に匂いがつくこともありません。しかも、野菜や魚介類、肉類、卵、豆腐などなんでも漬けられるとなれば、さぞかし重宝したことでしょう。

味噌漬けというと、なんだか手が込んでいて、大変そうに感じるかもしれませんが、つくってみると簡単。味噌の風味がふだんの食卓をちょっぴり贅沢に彩ってくれます。

レシピを2つ紹介します。1つは、「味噌漬け豆腐」。江戸時代の料理書では、和紙で豆腐を包んで味噌の中に漬けていますが、本書では煮きり酒で溶くことで味噌をやわらかくし、豆腐をそのまま漬けられるようアレンジしました。浅漬けでもおいしいですが、3日以上漬けておくとチーズのようなコクが出ます。なお、同じようにつくった味噌床で、山芋や新生姜などさまざまな野菜を漬けてもおいしいのでお試しください。

もう1つは、「鱈の西京焼き」。『本朝食鑑』には、「鱈」という漢字の由来として、「鱈は初雪の後にとれる魚ゆえ、雪に従う」とあります。冬においしい鱈は、他の魚に

■ チーズのような濃厚さ「味噌漬け豆腐」

【材料】 つくりやすい分量
木綿豆腐…２分の１丁
酒…大さじ１
味噌…80g

【つくり方】
①豆腐は水切りするか、電子レンジで簡単に水分をとる（87ページ参照）。
②酒は耐熱容器に入れて電子レンジで20秒加熱し、冷ます（煮きり酒）。
③味噌を②で溶いて密閉容器に入れ、①を入れて沈め、冷蔵庫で１晩以上漬ける（長く漬けるほど、豆腐が濃厚に）。
④食べるとき、③の味噌をぬぐって、食べやすい大きさに切る。
※切ったあとは、冷蔵庫で２～３日間保存可能。

■ 旨味が凝縮！「鱈の西京焼き」

【材料】 ２人分
鱈…２切れ
西京味噌（白味噌）…150g
みりん・酒…各大さじ１

【つくり方】
①鱈の両面に塩（分量外）を振り、30分以上置いて水気を拭きとる。
②ボウルに味噌を入れ、みりん、酒を加えて混ぜ、味噌床をつくる。
③鱈をクッキングペーパーなどでくるみ、②をまんべんなく塗りつけてポリ袋に入れる。空気を抜いて、冷蔵庫で２日以上漬ける。
④③のクッキングペーパーをはがして、中弱火で両面を焼く。

比べて水分量が多く、身に臭みが出やすく、よほど新鮮でない限り、刺身では食べられません。しかし、味噌漬けにしておくと、水分がほどよく抜けて日持ちもよくなり、旨味が増します。豊漁の際、江戸時代の庶民は味噌漬けにして鱈を保存しました。他にも、鮭や鰤《ぶり》、鰆《さわら》、鯖《さば》、または鴨や豚、鶏などの肉を漬けてもおいしいので、自家製の味噌漬けをぜひ楽しんでみてください。

濃口醤油が江戸料理の肝に

味噌は江戸の町が築かれた当初からありましたが、醤油は江戸では後発の調味料になります。

といっても当初から、薄口醤油が関西方面から運ばれてきていました。ただ、輸送コストがかかったために高値で取引され、庶民には高値の花でした。そのため、庶民の食事の味つけは「塩と味噌で塩辛く」が基本でした。

やがて4代将軍・家綱の時代になると、醤油の発祥地とされる和歌山・湯浅の職人が房総半島にやってきて、地形や気候が故郷に似ていることから、野田や銚子で醤油をつくりはじめました。そして、水路や河川などの交通網を使うことで、江戸に安定的に醤油が供給されるようになりました。

このころには、江戸の庶民の舌は、すっかり濃い味、塩辛い味に慣れ親しんでいました。その味覚にあわせて、薄口醤油よりも旨味があって香りが強く、キレのよい現在の濃口醤油のスタイルに変化していきました。

この濃口醤油を肝に、江戸料理は急速に発展していくことになります。

ところが現代の和食には、「京料理」や「加賀料理」などのジャンルがある一方、「江戸料理」というジャンルはありません。なぜなのでしょうか。

参勤交代や、商家の本店と江戸店《えどだな》との行き来などによって、武士や商人たちは、江戸と地方を行ったり来たりしました。人の往来とともに、江戸料理は日本全国に広がって定着し、馴染んでいきました。濃口醤油も日本全土に流通していきました。つまり、江戸料理が消えてしまったのではなく、広く全国の家庭料理と融合し、和食全体の礎になっていったのです。

それを証拠に、「江戸前の四天王」と呼ばれた蕎麦、鰻、天ぷら、寿司をはじめ、すき焼き、しゃぶしゃぶ、肉じゃが、照り焼きなど、和食の定番料理であり、世界的に有名なこれらのメニューは、すべて濃口醤油がなくては成立しない料理です。

日本料理のルーツは、長く日本の都であった京都にありますが、庶民のおかずのルーツは江戸料理にあり、その肝となっているのが濃口醤油なのです。

蕎麦と天ぷらは別の屋台のメニューだった

江戸の屋台文化を象徴する「江戸前の四天王」は、蕎麦、鰻、天ぷら、寿司の順で発展しました。この4つは、今でも和食の代表的メニューになっていますが、「江戸でほぼ確立され、広まっていった」というところがポイントです。蕎麦つゆ、鰻のたれ、天つゆ、寿司に使う煮きり醤油は、いずれも濃口醤油抜きにはつくれません。

「江戸前の四天王」の中で、歴史がもっとも古いのは蕎麦です。縄文時代前期の遺跡に、蕎麦を食べていた痕跡が認められています。

寒冷地ややせた土地でも、種を播《ま》いてから２～３か月という短期間で育つ蕎麦は、窮状をしのぐ作物としての役割が強かったようです。

８世紀に書かれた史書『続日本紀《しょくにほんぎ》』には、養老６（７２２）年に下された詔《みことのり》として「この夏は雨が降らず、稲が実らないので蕎麦を植えて飢饉に備えるように」との記述があります。

麺としての蕎麦が一般に普及したのは江戸時代になってからです。江戸時代初期まで、蕎麦といえば、蕎麦粉を熱湯で練ってつくる蕎麦がきのことで、麺状の蕎麦は蕎麦切りと呼ばれて区別されていました。蕎麦粉１００パーセントでつくっていたため、製麺技術的にまとめるのが難しく、庶民が蕎麦切りを食べられるようになったのは、つなぎに小麦粉を使う製法が考案された「二八《にはち》蕎麦」ができてからです。

やがて蕎麦切りは、屋台でかけ蕎麦として提供されるようになりました。「すぐに茹でられ、すぐに食べられる」ということで、せっかちな江戸っ子に喜ばれ、蕎麦といえば蕎麦切りという位置づけになったのです。そこに濃口醤油でつくった蕎麦つゆが定着し、現在にいたる江戸蕎麦の流れが確立しました。

なお、天ぷら蕎麦は、もともと別々の屋台のメニューでした。偶然にも、蕎麦屋と天ぷら屋の屋台が隣どうしになり、ある客が蕎麦屋でかけ蕎麦を買い、その上に隣の天ぷら屋で買った天ぷらをのせたところ、「なんてうまいんだ！」と大絶賛。「おれも」「おれも」とみんなが真似して評判になり、いつしか天ぷらと蕎麦がセットになって、天ぷら蕎麦ができた、といわれています。

ちなみに、当時、天ぷらといえば車海老や穴子、鯊《はぜ》、白魚、バカ貝などの魚介類のみで、野菜に衣をまとわせて揚げたものは「精進揚げ」と呼ばれて区別されていました。

幻の調味料「煎酒」のつくり方

濃口醤油が江戸料理の肝に発展していく一方で、消えていった調味料があります。「煎酒《いりざけ》」です。室町時代の終わりから、濃口醤油が世間に浸透するまでの約２００年間、食卓に欠かせない調味料の一つでした。

煎酒は、日本酒に梅干しと鰹節を入れて煮詰めてつくる、上品な味わいの調味料です。

しかし、濃口醤油に押されて廃れていきました。最大の原因は、日持ちがしなかったこと。冷蔵庫のなかった時代、とくに夏場は１日ほどしか持たず、その都度つくらなければなりませんでした。

その点、醤油は発酵食品ですから、腐る心配がありません。劣化したとしても、ただの茶色い塩水に近づいていくだけです。当時は現在のように、マヨネーズやケチャップ、ソースなどの調味料もありませんから、醤油の使用頻度が高く、劣化が進んで味が変わる前に使い切ったことでしょう。

また、江戸の町は力仕事に就く人が多く、醤油の濃い味が好まれたことも、煎酒が衰退した理由の一つと考えられます。

ところが最近、江戸料理が見直されるなか、煎酒が復活の兆しを見せています。世界各国の料理に親しみ、舌が肥えている現代人には、料理を画一的な味に近づけてしまう醤油より、適度な酸味と塩味とコクで、素材の味を引き出す煎酒のほうが、料理によっては好まれることがあります。

とくに、白身魚やタコ、イカ、貝などの刺身には、煎酒がよくあいます。卵かけご飯や卵焼きなどの卵料理一式も、卵の旨味を引き立ててくれます。暑い夏にはちょっと薄めてそうめんに、冬は寄せ鍋のたれにするのもおすすめです。

煎酒のつくり方は、純米酒カップ1に、昔ながらの塩だけで漬けた梅干しを1個入れ、弱火で半分になるまで煮詰めたら、鰹節を一つまみ加えて5~6分煮てこします。冷めたら密封容器に入れて冷蔵庫で保管してください。そうすれば、1週間は持ちします。

なお、煎酒のつくり方は、江戸の料理本を見ても、さまざまです。ある本には、お酒と梅干しと鰹節でつくる、とあり、ある本には、お酒と梅干しだけでつくる、とあります。梅干しも、大ぶりの傷のないものをとろとろと煮ると書いてあるものもあれば、梅干しの種だけを煮る、と書かれていることもあります。家庭の味なので、つくり方もそれぞれ、ということでしょう。

ある料理屋さんで食事をしたときのこと、とてもおいしい煎酒に出あいました。つくり方を尋ねると、「梅干しは梅干しとして食べて、種だけ溜めておき、お酒でコトコト煮るだけだよ。実はなくても、種だけでうまいんだ」と大将が教えてくれました。捨ててしまう種でつくる調味料とは、日本人の知恵はやはり最高のエコです。

江戸っ子の教え「その6」

「魚」で体をつくり、「肉」「卵」で滋養をつける

1日に1億円が動いた江戸の魚河岸

江戸っ子は、魚をとにかくよく食べました。体の基盤になるたんぱく質は魚介類からとり、活力を養っていました。

江戸っ子の魚好きを支えたのが、現在の東京日本橋あたりに開かれていた「魚河岸」です。その様子は、『東都名所　日本橋真景《しんけい》并《ならびに》ニ魚市全図《うおいちぜんず》』という浮世絵に表されています。

日本橋川には荷物を積んだ船が何艘も行き交い、慶長8（1603）年につくられた日本橋が架けられていました。橋の長さは約50メートル。その東に架かる江戸橋までの北岸が、魚河岸と呼ばれた地域です。魚河岸からは富士山が大きく見え、たくさんの人々が集まり、魚を売り買いしていました。

その広大な魚河岸に大量の魚が集められ、高級魚から下魚《げざかな》までが順番にずらりと並べられていました。

魚河岸では、1日に千両という大金が動いたといわれます。千両とは、今の金額に換算してなんと1億円。ちなみに、魚河岸と芝居町と吉原遊郭の3か所は、「1日に千両の落ち所」といわれていました。

魚河岸のそばには、「活鯛屋敷《いきだいやしき》」という大きな生け簀がありました。ここは幕府直営の生け簀で、鯛や鮃《ひらめ》、伊勢海老、車海老などが養殖されていました。これらの高級魚は、祝い事に欠かせません。必要なときにすぐに対応できるように設けられた、大きな生け簀でした。

とくに武士に重宝されたのが、鯛です。鯛の体は硬いウロコに覆われ、まるで鎧を着ているようです。さらに、尖った背びれやピンと張った尾びれなど、全身がかもしだす勇壮な姿が武家に好まれました。もともと高級魚として扱われていた鯛ですが、その扱いは、室町時代までは鯉《こい》の次でした。公家が鯉を好んだからです。しかし、江戸時代になると、鯛こそが「魚の王」と扱われるようになりました。

江戸時代、鯛は刺身・煮物・焼き物・蒸し物・揚げ物・酢の物・練り物……と、さまざまな料理法が考案され、人気を上げました。天明5（1785）年には『鯛百珍料理秘密箱』という、鯛料理のレシピが載った本が発売されています。

鯛の旬は春です。同じく、春が旬の白魚《しらうお》も江戸っ子に人気の魚でした。白魚漁は、篝火をたいて、夜に行われました。白魚は成魚でも体長10センチに満たない小さな魚で、傷みやすいのが難点でした。昼に漁をしたとしても、お客が買ってくれるのは翌朝。これではせっかくの白魚が腐ってしまいます。そこで、夜に篝火をたいて漁をして、早朝出荷する、というシステムができました。

ただ、徳川家康の存命中は、白魚を食べられたのは将軍家だけでした。理由は、家康が大好物であったことが一つ。もう一つは、生きた白魚は体が透けていて、頭に葵の御紋のような模様が見えたためです。「将軍家を下々の者が食べてよいはずがない」とされたのです。

そのお達しも、家康亡きあとには解除され、江戸っ子たちは白魚を喜んで食べるようになりました。やがて、

上・中・下魚格付け	
上	アユ　アンコウ　伊勢エビ　カレイ　キス　コイ　フナ　スズキ　シジミ　タイ　シラウオ　アワビ
中	アサリ　ウナギ　アジ　カツオ　イカ　タコ　ハマグリ　ヒラメ　サザエ　ボラ
下	イワシ　サバ　フグ　クジラ　カニ　ドジョウ　マグロ　サメ　シマアジ　ハゼ

夜、篝火に誘われて集まってくる白魚を、四手網《よつであみ》ですくって獲る白魚漁が、江戸の風物詩になりました。芸者を連れて小舟を出し、海の上で、踊り食いから塩ゆで、素揚げまで、獲れたての白魚づくしをいただく、という贅沢な遊びも人気になりました。

初鰹を食べると寿命がのびる

江戸っ子は初物が大好きです。なかでも、鰹は格別でした。

「初物を食べると寿命が75日のびる」といいますが、初鰹はその10倍も寿命がのびると迷信が広まり、熱狂した江戸っ子の間で初鰹ブームが起こったのです。

鰹には、たんぱく質のほか、カルシウムや亜鉛、鉄分などのミネラル、ビタミン各種など、健康増進に大切な栄養素が豊富です。脳の若々しい働きに欠かせないＤＨＡ（ドコサヘキサエン酸）も多く含まれます。現代の栄養学から見ても、「鰹を食べると健康長寿によい」というのは間違いのないことでしょう。

ただ、「初鰹を食べると寿命が７５０日のびる」という迷信は、江戸っ子の信心深さをうまく利用した、鰹の消費量を増やすための策ではなかったかと思います。鰹は回遊魚であるため、旬や盛りには大漁になります。しかし、なにぶん傷みが早い。われ先にと買ってもらうために、江戸っ子の信心深さが役に立ったというわけです。

鰹は高速船で獲りに行きます。高速船といっても、もちろん、当時は人力です。葛飾北斎の『冨嶽三十六景　神奈川沖浪裏』にも描かれていますが、細長く先端の尖った船に、右に4人、左に4人の船頭が座って船を漕ぎ、前に2人が交代要員として待機します。つまり、休憩できる2人も含めて合計10人で順々に漕ぎ手を交代しながら一目散に沖まで行き、たくさんの鰹を釣り上げ、いちばんを目指して帰ってくるのです。

鰹漁は、朝と昼に行われ、新鮮な鰹が魚河岸に届けられました。それが初物となれば、大変な騒ぎです。江戸っ子が我先にと買い求め、天井知らずの値段がつけられた時代もありました。

ある文献によると、文化9（1812）年に歌舞伎役者の中村歌右衛門が1本の鰹を3両で買っています。現代のレートに換算すると約30万円。文政6（1823）年には、江戸の料亭の中でも名店中の名店「八百善」が同じく初鰹を3本も買っています。

なお、鰹は、時期によって「初鰹」と「戻り鰹」と2つの呼ばれ方があります。

江戸っ子が熱狂したのは、春に獲れる初鰹。さっぱりした味と香りの高さが特徴です。これに対して、秋に獲れる戻り鰹は脂がのって濃厚な味わい。最近では「トロ鰹」との名称で売られることも多く、戻り鰹のほうが人気です。ところが、江戸時代は秋の戻り鰹は下魚の一つに数えられていました。流通と保存の問題から、脂ののった魚は鮮度が落ちると臭みが出やすく、敬遠されたのです。

また、脂ののった戻り鰹は乾燥しにくいために鰹節にも加工しづらく、もっぱら塩漬けにされました。江戸の節約おかず番付である『日々《ひび》徳用《とくよう》倹約《けんやく》料理《りょうり》角力《すもう》取組《とりくみ》』に、「塩かつお」として魚類方・前頭六枚目にランクインしています。一方、料理屋では、生臭さを防ぐためにお酒に漬けたり、大根おろしで洗ったりという方法がとられました。

ちなみに、現代では、鰹の刺身をわさび醤油や生姜醤油で食べますが、江戸では、からし醤油が定番でした。

鰹といえば、たたきも一般的な食べ方ですが、当時は土佐のご当地グルメでした。たたきは、食中毒を恐れた土佐藩の殿様が鰹の生食を禁じたために、領民の間で発生した苦肉の策。あぶっているから生ではない、というわけです。

現代も、寄生虫であるアニサキスの害が問題になっていますが、当時もアニサキスに感染して激しい腹痛にのたうち回る人が多かったのです。

アニサキスは主に身と皮の間にいます。鰹をあぶるようになって、アニサキスを殺せるようになり、感染者は減りました。しかも、栄養豊富な皮も一緒に食べられて一石二鳥。さらに、たたきには長葱、生姜、にんにく、茗荷、青紫蘇などの薬味をたっぷり添えます。これらの薬味には、鰹のＤＨＡの吸収を助け、食欲を増進する作用があるうえ、殺菌作用もあり、食中毒予防にも役立ちます。

なお、江戸の料理書には、土佐風とは異なる、江戸流の鰹のたたきの調理法が掲載されています。こちらは皮をはいで酒に漬け込むことでアニサキスをとり除きます。「江戸っ子はこんなたたきを食べていたんだ」と思いつつ、からし醤油でいただくと、くせになるおつな味です。

■ からし醤油でおつな味「江戸流鰹のたたき漬け」

【材料】 ２人分
鰹（刺身用のさく、皮なし）…１本
酒…大さじ2
醤油・練り辛し…適量

【つくり方】
①鰹はザルにのせて全体に熱湯を回しかけて霜降りにし、湯を切る。
②ポリ袋に入れて、酒を注ぎ、冷蔵庫で冷やす。
③８ミリ程度の厚さに切り、器に盛る。醤油と練りがらしを添える。

■ 鰹の臭みを上手に消して「霜降り鰹」

【材料】 ２人分
鰹（刺身用のさく、皮なし）…１本
山芋のすりおろし…120ｇ
大根のおろし汁…大さじ３
醤油…適量

【つくり方】
①鰹のさくは、できるだけ血合いの部分をよけて１センチ角の棒状に切り、熱湯をかけて霜降り状態にし、冷水にさっと漬けて水気を切る。
②①に大根のおろし汁を振りかけ、冷蔵庫で冷やす。
③②を１センチ幅に切って器に盛り、山芋と醤油をかける。

今は高価、江戸では畑の肥料「大トロ」

現代では、刺身といえば鮪《まぐろ》です。ところが江戸では、鮪は下魚の中でも最下級の魚で、魚河岸ではいちばん隅っこに置かれていました。

なぜ、あんなにもおいしい鮪が、江戸では人気がなかったのでしょうか。

鮪は相模湾などで獲れましたが、体が大きく、江戸までは菰《こも》にくるんで大八車で運ばれてきました。菰とは、わらで編んだむしろのこと。その姿がまるで死体が運ばれてくるように江戸っ子には見えたといいます。

さらに古事記や万葉集によると、鮪は「しび」と呼ばれていました。この語感が「死《し》日《び》」、もしくは「死人《しびと》」につながるとされ、このうえなくイメージの悪い魚だったのです。江戸初期に書かれた『慶長見聞集《けいちょうけんもんしゅう》』という随筆にも、「しびと呼ぶ声の響、死日と聞えて不吉なり」と記されています。

鮪が下魚とされたのは、イメージの問題だけではありません。相模湾から大八車でゴロゴロと運んでくる間に、傷み始めてしまったことも大きいでしょう。とくに脂身は傷みが早く、身崩れし、臭みも強く出ました。魚の脂が腐った匂いほど、きついものはありません。現代では高価な大トロも、江戸では「だんだら」や「ズルズル」などと呼ばれ、畑の肥料などにされていました。魚好きの猫もまたいで通るというので、「猫またぎ」とも呼ばれました。

そんな鮪の消費量がいっきに高まるできごとが起こります。8代将軍・吉宗が「天保の改革」によって贅沢を禁じたのです。これによって人々は下魚を選んで食べるようになりました。鮪は価格が安く、倹約には活躍しました。「まぐろ売り　安いものさとナタを出し」という川柳が残っているぐらいで、「日々徳用倹約料理角力取組」にも、いくつもの鮪料理がランクインしています。

さらに、江戸の寿司屋が、鮪の切り身を醤油に漬けた「ヅケ」を考案しました。ヅケは、保存性を高めるだけでなく、魚の身が弾力を増し、舌触りをねっとりと滑らかにします。それが握り寿司で提供されるようになり、人々は鮪のおいしさに開眼し、たちまち人気が出たのでした。

ただし、これは赤身の話。脂身への悪しきイメージは根深く、冷蔵技術が発達した昭和初期でさえ、タダ同然で取引され、捨てられることも多かったそうです。

江戸時代、鮪の脂身はよく味噌汁の具にされました。「日々徳用倹約料理角力取組」にも「鮪から汁」という名称が見られます。鮪のトロを使うわけですから、現代の私たちからすると、「なんて贅沢な」と感じますが、当時の人たちにしてみれば、安い脂身をいかにおいしく、臭みを消して食べるかが大事でした。そこで、味噌で煮るという調理法が用いられたのです。

ただ実際のところ、から汁がどのような料理だったのか、明確にはわかっていません。「日々徳用倹約料理角力取組」の魚類方のトップ4に鮪から汁の名称があるのですが、レシピを掲載した料理本が見つかっていないためです。このように、料理名しかわかっていない江戸料理は多く、研究者たちがそれぞれに予想し、再現することになるため、いくつかの説が出てきます。から汁の場合も、鮪のすき身の味噌汁だという説もあれば、鮪の味噌汁におからを入れているから「(お)から汁」だという説もあります。

■ 鮪の地位を上げた究極の「ヅケ丼」

【材料】 １人分
鮪の刺し身…６枚程度
温かいご飯…１杯分　卵黄…1個
長葱・胡麻…各適量
酒・醤油・みりん…各大さじ１
おろしわさび…適量

【つくり方】
①酒とみりんは耐熱容器に入れて
　電子レンジで30秒加熱し、醤油を加えて冷ます。
②①に卵黄を加えてよく混ぜ、さらに鮪をからめて５分程度置く。
③茶碗にご飯を盛り、②をのせ、刻み葱と胡麻をまぶし、おろしわさびをのせる。

■ 昔は倹約料理、今は高級料理「鮪から汁」

【材料】 ２人分
鮪のすき身…120g
味噌…大さじ２
お湯または出汁…500mℓ (2.5カップ)
七味唐辛子…少々

【つくり方】
①お湯または出汁を沸かして鮪の
　すき身を入れて煮る。
②火が通ったら味噌を煮溶かし、沸騰直前で火を止める。
③七味唐辛子をかけていただく。

江戸っ子に愛された下魚「鰯・秋刀魚」

江戸っ子がよく食べていた三大魚は鰯《いわし》と鱸《すずき》と鯖《さば》で、なかでも一番多く食べられていたのが鰯です。山ほど獲れた鰯を、とにもかくにも食べていました。ただ、魚偏に弱いと書いて「鰯」というように、傷みの早いのが残念なところ。それでも安価でおいしい鰯は、庶民にうれしく、人気の魚です。江戸の町には毎朝決まった時刻に鰯を売る棒手振りが長屋の隅々にまでやってきました。

「日々徳用倹約料理角力取組」に、もっとも数多く登場するのも、鰯料理です。魚類方のナンバー1が「めざし鰯」で、ナンバー6が「たたみ鰯」、ナンバー7が「鰯塩焼き」というように、トップ10に3つもの鰯料理が名を連ねています。これ以外にも、季節ごとに春の料理には「鰯のぬた」と「鰯のつみれ」、秋の料理には「鰯唐揚げ」が入っています。鰯は、日々のたんぱく源として大活躍でした。

また、大量に獲れるけれども傷みやすい鰯は、さまざまな保存食に加工されました。干物や酢漬け、糠漬け、おから漬け、塩漬け、佃煮など。魚の糠漬けは、あまり馴染みがないかもしれませんが、北九州地方には鰯の糠味噌炊きという郷土料理が今も残されています。また、福井県の「へしこ」も魚の糠漬けです。へしこにもっとも多く使われたのは鯖ですが、鰯やイカ、フグなどでもつくられていました。

鰯のおから煮もよく食べられました。『豆腐百珍附録』にも鰯のおから煮が「鮓烹《すしに》」の名でのっています。寿司詰めのように鰯をきれいに並べ、その上下をおからではさんで煮ることから、この名がついたと考えられます。鰯の脂がおからに染み込み、とてもおいしい一品です。鰯と一緒におからを食べてもよいですし、鍋に残ったおからをカラカラに炒って、ふりかけにしても美味です。

また、鰯は、家畜の餌や照明用の油（魚油）として使われるほど豊富に獲れていました。鰯を干して乾かして固めた「干鰯《ほしか》」は肥料として活用されました。

もう一つ、庶民の食卓に忘れてはならないのが秋刀魚《さんま》です。

秋刀魚を江戸っ子が食べるようになったのは、江戸中期以降でした。秋刀魚の名が料理本に初めて登場したのは、元禄8（1695）年の『本朝食鑑』。それまでは、秋刀魚は鰯とともに魚油をとるための魚で、食用にはされていませんでした。明和から安永年間に代わる1772年に、「安くて長きはさんまなり」と書いて店頭に貼った魚屋が現れ、「食べてみたらうまい！」と人気に火がついたとも伝わります。

ただ、武家階級、とくに旗本や大名が秋刀魚を食べるようになったのは、さらにあとになってから。秋刀魚に限らず、鰯や鮪など、下魚と呼ばれる魚は下品なので口に入れるべきではないと考えられていました。しかも秋刀魚は、形が武士の命ともいえる小刀に似ている、という理由で食べることが避けられていました。

秋刀魚は、他の魚と異なり、わたをおいしくいただけます。内臓の働きが活発で、わずか30分ほどで食べたものを排泄するため、いつもきれいに保たれているためです。

私が絶品と思う秋刀魚料理は、わた焼きです。秋刀魚のわたには「レチノール」というビタミンAの仲間が豊富です。レチノールは、新しい細胞の形成をうながす作用や細胞の水分を保持する働きがあり、美肌に欠かせない栄養素です。秋刀魚のわた焼きは、ご飯のおかずにも酒の肴にもぴったりの美容食です。

■ 鰯の脂がおからに染み込む「鮓《すし》烹《に》」

【材料】つくりやすい分量
鰯…５尾　おから…250g
酒…１カップ（200mℓ）
醤油…１.５カップ（300mℓ）
水…１カップ

【つくり方】

①鰯は頭と内臓を出して、塩水で洗い、いったん水気を切ったあと、改めて５％程度の塩水（分量外）に漬け、５分程度置き、水気を切る。
②おからに酒と、１カップの醤油、水を入れてよくかき回し、半分を鍋に敷き入れ、鰯を間隔を空けて並べる。その上に残りのおからを入れて平らにならす。
③鍋を中火にかけ、煮立ってきたら弱火にし、１時間程度コトコトと煮込む。途中、残った醤油（0.5カップ）を２回にわけてまわしかける。
④火を止め、自然に冷めてから鰯をそっととり出し、器に盛る。

■ 美肌効果の高い美容食「秋刀魚わた焼き」

【材料】２人分
秋刀魚…２本
酒・みりん・醤油…各大さじ２
※お好みで、山椒、唐辛子など。

【つくり方】

①秋刀魚は頭とわたを除いて三枚おろしにし、一口大に切る。
②①のわたを細かく叩いてポリ袋に入れ、酒、みりん、醤油を加えて袋の上から揉んでわたをなじませる。
③②に①を入れ、冷蔵庫で３時間以上置き、汁気を切って両面を焼き、仕上げにお好みで山椒や唐辛子を添える。

冬が旬の鰻を、夏の食べ物にした天才コピーライター

「土用丑の日」に鰻を食べる。この習慣が始まったのは、江戸の文化文政年間（1804〜1830年）。発案者は諸説ありますが、もっとも有名な説は、平賀源内です。平賀源内は発明家として有名ですが、本草学に明るく、絵を描き、ベストセラー作家・売れっ子コピーライターなど、さまざまな顔を持つ才人でした。

そんな源内のところに、ある鰻屋が「夏は鰻が売れなくて困る」と相談に来ました。鰻は一年中獲れるものの、旬は冬。水温が下がり始める秋ごろから冬眠のために栄養を蓄えはじめ、冬になると脂ものります。反対に、夏は脂が少なく、冬に比べて物足りない味で、売り上げが下がります。そこで、源内が「本日丑の日」と書いた紙を店の表に貼らせ、縁起物好きの江戸っ子の心理を巧みにつかんでみせました。以降、「土用の丑の日に鰻を食べなければ江戸っ子じゃない」というほど定着した、という話です。

もともと、丑の日には「う」のつくもの、たとえば、瓜やうどん、梅干しなどを食べれば夏バテしない、といわれていました。源内は、「うなぎも『う』がつくよ。今日は

丑の日だよ。うなぎを食べれば夏バテせずにすむよ」とその短い言葉で伝えたわけです。

ところが、江戸に「土用の丑の日ブーム」が起こったのは、源内が亡くなって40年後という説も。よって、この発案者は、山東京伝か大田南畝《なんぽ》（蜀山人）、あるいは貝原益軒あたりの間違いではないか、ともいわれています。天才コピーライターの正体は判明していませんが、奇想天外な発想がいかにも源内らしいと、この説が根強く今に伝わっているようです。

鰻は、日本では新石器時代から食べられていて、奈良時代には「夏バテ防止に鰻を食べる」という習慣はすでにありました。平安時代の歌人・在原業平も、「体調悪いと聞いたから、鰻を持ってきたよ」と友人を見舞ったという逸話が残されています。

そのころの鰻の食べ方は、筒状にぶつ切りにした鰻の真ん中に串を通して火であぶり、粗塩やたまり醤油、山椒味噌などをつけて食べる、というものでした。この形状が蒲の穂に似ていることから、鰻の串焼きは「蒲焼き」と呼ばれるようになった、と『守貞謾稿』に記されています。

江戸前の鰻は脂が多く、超ジャンボ

鰻のぶつ切りの蒲焼きは、江戸中期まで下賤な食べ物とされていました。丸いまま焼くので火の通りが悪く、よぶんな脂が落ちないために泥臭く、貧しい人足《にんそく》などが精を出すために食べる物、とされていたのです。値段も蕎麦と同じくらいで、1串わずか400～500円でした。

鰻の地位が高まるのは、江戸前期の元禄時代（1688～1704年）以降。京都で鰻を開いて焼く白焼きが発明され、それが江戸に入ってきたことが始まりです。甘辛醤油だれで焼く蒲焼きが誕生したのは、江戸後期のこと。「鰻とはこんなにうまいものだったのか！」と火がつき、前述の「土用の丑の日」の件も後押しになり、人気はまさしく〝鰻登り〟。江戸で圧倒的人気を誇ることになったのです。

しかも、江戸の鰻は丸々と太っていて、脂もたっぷりのっていました。江戸の人が白米をたくさん食べていたため、川には濃い米のとぎ汁などが流されていて、栄養が豊富でした。そのため、他の地域で獲れる鰻より丸々と肥えていたのです。今の鰻の直径が

3〜4センチとすると、江戸のものは7センチほどはあったのではないかと推測します。江戸の蒲焼きは、いったん蒸してから焼きますが、これは、江戸の鰻の脂が多過ぎて、一度蒸すことで脂を落とす必要があったから。反対に、上方の白焼きが蒸さずに焼くのは、そこまで脂が多くはなかったためです。そんな江戸の鰻は、今の人が見たら驚いてしまうほど、身が厚くジューシーなジャンボ蒲焼きだったはずです。

なお、「関東の背開き、関西の腹開き」という言葉があります。東西の鰻の開き方の違いを表したもので、武士の町である江戸では、腹開きは切腹に通じて縁起が悪く、逆に、商人の町上方では、腹を割って話す必要があるから腹開きだといわれています。

ちなみに、今では江戸湾（東京湾）で獲れる魚をすべて「江戸前」と呼びますが、もともとは鰻に限定された言葉でした。

江戸では、上質の鰻が大量に獲れ、ことに深川で獲れる鰻は「江戸前鰻」とブランド化されていました。ところが、鰻人気に火がつくと、江戸前の鰻だけでは需要が追いつかなくなります。そこで近隣から仕入れることになるのですが、江戸産の味に及ばないとして「旅鰻《たびうなぎ》」、あるいは「江戸後《うしろ》」などと、ちょっぴり皮肉な呼ばれ方をしました。

それがいつしか、江戸の前に広がる江戸湾で獲れた魚すべてを「江戸前」と呼ぶようになったのです。

鰻専門の料理屋が生まれたのは天明（1781～1789年）のころ。「江戸前の四天王」の中で、いち早く屋台から料理屋に格上げされたのが鰻屋です。

料理屋では、注文を聞いてから鰻を開き始めるため、蒲焼きが出てくるまで40分以上はかかります。この待ち時間を利用して、鰻屋の2階や離れを逢い引きに提供する店も多かったとか。そのぶん、鰻の値段は高くなり、お座敷を使った場合は蒲焼きでも一人前8000円する店もあったそうです。

『本朝食鑑』には「疲れを除き、腰や膝を温め、精力を盛んにする」と記されているほど、鰻はスタミナ食材と知られていました。

ちなみに、「うな丼（うな重）」は、芝居のスポンサーの大久保今助が、芝居見物中に出前でとる蒲焼きが冷めないようにおからに埋めて届けられていたのが気に入らず、「これでは味が落ちる」とご飯に埋めるよう指示したところ、ご飯にも味が染みて、鰻とご飯を別に食べるよりおいしいと大喜び。これが評判になって、以降、定着していったものとみられています。この話には別の説もあり、四谷伝馬町の三河屋にいた料理人が独立して店を持ち、丼飯の間に蒲焼きを挟んで売り出したところ、大繁盛したとも伝えられています。１杯64文（現在の価格でおよそ１６００円）だったという記述も残されていますから、信憑性は高いように思います。

さて、現代を生きる私たちにとって国産鰻は、すっかり高嶺の花。天然物が激減し、養殖であっても高騰しています。一方、輸入鰻は味がどうしても落ちます。ですが、調理のしかたでおいしくできます。まず、フライパンに割り箸を２本並べ、その上に蒲焼きをのせます（もしくはシワを寄せたアルミホイルをフライパンに敷き、その上に鰻をのせます）。酒大さじ2を入れ、ふたをして中火で蒸します。こうするとよぶんな脂が落ちるうえ、身が柔らかくふっくらします。この下ごしらえをしたうえで鰻丼などに使うと、ワンランクおいしくしあがります。

肉は「薬喰い」してこそ滋養になる

現代人にとって、精をつけたいときに食べるものといえば、焼き肉でしょう。

肉を食べることは、日本人にとっても縄文時代の狩猟期から自然なことでしたが、仏教伝来以降、獣を殺してその肉を食することはタブーとされました。獣肉食の禁忌のピークは、江戸幕府の第5代将軍・綱吉によって「生類憐みの令」が制定された17世紀後半の元禄時代です。

ただし、それは表向きで、裏では、人々の生活の中で肉食文化は続いていました。寛永20（1643）年発行の『料理物語』にも、当時食べられていた肉類として、『鳥の部』に「鶴・白鳥・雁・鴨・雉子《きじ》・鸞《らん》・鷺《さぎ》・鶉《うずら》・雲雀《ひばり》・鳩・鴫《しぎ》・水鶏《くいな》・桃花鳥《つぐみ》・雀・鶏」が並び、『獣肉の部』には「鹿・狸・猪・菟《うさぎ》・川うそ・熊・いぬ」の食べ方が紹介されています。

とくに地方から江戸にやってきた人たちは、肉のうまさをよく知っていました。しかも、肉には滋養があり、食べると元気が出ます。養生や病人の体力回復にも役立ちます。

そこで、人々は肉を食べたくなると「薬喰い」と言い訳をし、こっそり食べに行きました。江戸後期には、獣肉食の味を知る人も多くなり、堂々と楽しむ人も増えていきました。

　薬喰いでは、肉に隠語がつけられました。当時は猪や鹿が食されましたが、猪は「牡丹」、鹿は「紅葉」です。また、猪肉は「山鯨」とも呼ばれました。当時、鯨は魚と考えられていたからです。鯨と猪は肉質がよく似ていて、「山鯨鍋」の屋台も多くありました。ちなみに、猪と鹿は冬が旬。薬喰いは冬の風物詩で、「寒さをしのぎ、体を温める」という効用がうたわれていました。

　猪も鹿も、今でいうジビエで、狩猟で得た天然の野生鳥獣の食肉です。当時、食用を目的に家畜を飼うことは行われていませんでした。江戸時代は、牛馬などは農耕や運搬で働く大切な動物で、それを「食べる」ことは罪と考えられました。ただし、働けなくなった牛馬は別です。滋養をつける貴重な肉食の機会とされました。

　鶏も、雄鶏は時を知らせるうちは、また雌鶏は卵を産むうちは食べることはなく、その役目を終えたものだけが食用にされました。

　つまり、江戸時代の人たちが食べていた肉は、ジビエ以外では、年老いて肉質が硬くなったもの。幕末に大勢の西洋人がやってきたことで日本でも家畜産業が興りますが、若い牛や鶏の肉を初めて食べた日本人は「肉ってこんなにおいしかったのか」と驚いたことでしょう。

なお、明治に入ると、遊郭・吉原の大門の前には、桜鍋屋がずらりと並び始めました。桜は馬肉のこと。馬肉は高たんぱく低カロリーなうえ、鉄分とカルシウムが豊富で、滋養強壮にぴったりの食材です。吉原に遊びに来た人や通いの従業員などが馬肉を食べて精をつけました。現在でもスタミナのつく料理を食べることを「馬力をつける」といいます。これは、吉原の桜鍋を食べることが語源とされます。

ただし、当時の人が食べていた馬肉もやはり年老いたもの。近郊の農民の多くは、一生に一度は吉原で遊びたい、との願いを持っていました。しかし、お金がない。そこで老馬を連れてやってきて、老馬を質草にお金を借りて遊び、そのまま置いて帰りました。当然、吉原の前の質屋には何頭もの老馬が残されました。

年老いた馬では働かせることもできない。でも、馬一頭つぶせば相当の肉をとれます。仕入れの馬は客が次から次へと運んでくる。そこで、吉原の大門の前には何軒もの桜鍋屋ができたと伝えられています。

現在、肉は私たちにとって非常に身近な食材になっています。

しかし、肉が「薬喰い」になるのは、少量を食べたとき。貝原益軒も『養生訓』にて「日本人は胃腸が弱いから獣の肉はよくない。たくさん食べてはいけない」といっています。現在、日本人の２人に１人ががんになり、３人に１人ががんで亡くなっている背景の一つにも、肉の食べ過ぎがあると科学的データで示されています。元来、肉は元気を補うもの。胃腸に負担をかけるほど食べ過ぎるのは、元の木阿弥ということなのでしょう。肉は薬喰いにとどめる。そんな江戸っ子の知恵も、健康長寿の秘訣にとり入れたいものです。

江戸料理でＳＤＧｓの実践を

長引くコロナ禍で、運動不足と肥満を解消すべく、筋トレやダイエットに励んでいる方も多いでしょう。健康的な体づくりには、高たんぱく低カロリー食が理想とされ、鶏胸肉でつくる「サラダチキン」や「豆腐バー」が大ブームとなりました。最近は、ＳＤＧｓ（持続可能な開発目標）」の観点から、大豆を肉に模してつくった大豆ミートもポピュラーになってきています。大豆ミートでつくる唐揚げやハンバーグを、健康の観点から選ぶ人も増えてきました。

さて、肉に似せて大豆加工品をつくることは、精進料理の手法でもあります。ただし、精進料理は健康志向ではなく、禁忌から生まれた料理です。仏教の戒律に即し、修行僧が食べていた精進料理は、殺生を禁じる「三厭《さんえん》」（獣、鳥、魚を食べないこと）と、臭いがきつく、煩悩を刺激する「五葷《ごくん》」（にんにく、ニラ、葱、玉葱、らっちょう）を避け、「精進物」と呼ばれる穀物、野菜、海藻、木の芽、果物などを食材とするものでした。

肉類を使わなくても満足できるようにと「もどき料理」も多く開発されました。刺身のかわりに「胡麻豆腐」、雁の肉に似せた「雁擬《がんもどき》」、鴫《しぎ》の肉に似せた「茄子の鴫焼」、そして前述のこんにゃくでつくった「狸汁」など。『豆腐百珍』『豆腐百珍続篇』にも、豆腐でつくったいくつもの「もどき料理」が登場します。蜆に似せた「しじみもどき」、鮎に似せた「鮎もどき」、竹輪に似せた「竹輪豆腐」、蒲鉾に似せた「かまぼこ豆腐」、鰻の蒲焼きに似せた「鰻豆腐」などです。

健康を高め、持続可能な未来も大切にする知恵が、江戸料理にはつまっているのです。

卵は1個400円もした！

「おとめちゃん、この卵をおとっつあんとお食べよ」

「まあ、末吉さん。卵を3つも！　もらっちゃっていいのかしら」

卵を見ると、こんな小芝居をしたくなるほど、心が浮き浮きします。

というのも、江戸では卵は高級品で、贈答品にも使われていました。煮ぬき（ゆで卵）が1個400〜500円もしたのです。そんな卵をプレゼントして、まだしおらしい女の子の気を引いた男性も少なくないはず。

卵は江戸っ子にとって、奮発すれば買えるけれども、何か理由がなければ手が出ないもの。病気見舞の定番でもありました。

天明2（1782）年、『豆腐百珍』に始まった百珍ブーム（1種の食材で100種類の調理法を紹介する）にのって、天明５（１７８５）年、全5巻中３つの巻に、計１０３種類の卵料理のレシピが載った『万宝料理秘密箱』が発売されました。別名『卵百珍』と呼ばれるこの本のレシピには、いかにも江戸っ子が喜びそうな、奇想天外な料理の数々があります。

では、庶民には高値の花である卵の料理本を、いったい誰が読んだのでしょうか。想像するに、上級武士や大商人の妻など当時のセレブが、卵を贅沢に使って料理をする際に活用したのではないでしょうか。あるいは、現代の私たちが「いいなあ、いつか食べてみたいな」と思いながらグルメ本のページをめくるような感覚だったかもしれません。

卵が高級品だった理由は、鶏は刻《とき》を告げる神聖な鳥とされ、食用に飼われていなかったことが一つ。もう一つは、当時の鶏は、毎日は卵を産まなかったことがあります。現在の鶏は品種改良を重ねていて、25時間に1個の間隔で卵を産みますが、５〜６日に１個というのが本来の鶏のペース。しかも暑さ寒さが厳しい季節や、卵を温めている間は次の卵を産みませんでした。

ですから卵とは、江戸近郊の百姓家が庭で放し飼いにした鶏が自然に産んだものを、野菜のついでに売りに来る、という食材だったのです。

卵の販売を目的とした養鶏所ができたのは、江戸末期のこと。それによって生卵やゆで卵を売り歩く行商人も出てきました。また、八百屋の一角にもみ殻を敷き詰めた板箱を置き、そこに卵を一つずつ立てて売っている様子が浮世絵に描かれています。

今では、1パック200円程度で買える卵は、日常的に食卓に上がる食材になりました。江戸っ子が見たら、「なんと贅沢な」と驚くことでしょう。実際、日本では人口の何倍もの鶏が飼われていて、世界で2番目に卵を消費する国になっています。

卵のすばらしさは、その栄養価にあります。

卵には、人が生きていくうえで欠かせない必須アミノ酸の全種類が、ほぼ完璧なバランスで含まれています。なかでも「メチオニン」の含有量は他の食品に比べると突出しています。メチオニンは、アレルギー予防や老化防止、またヘアケアにも大切なアミノ酸です。肝臓機能の保護にも欠かせない栄養素ですから、酒のつまみには卵料理を一品入れるとよいようです。

他にも、脂質やミネラル、各種ビタミンなどさまざまな栄養素が含まれます。食物繊維とビタミンC以外はあることから「卵は完全食品」ともいわれます。

実際、卵を食べることで、免疫力を高めて風邪を引きにくくし、脳の働きを活性化し、血圧を低下させ、骨を強くし、肌をきれいにし、生活習慣病の予防につながる、という効用が知られます。それほど健康効果の高い卵が、現代ではこれほど安価なのですから、食べなければもったいない、というものかもしれません。

江戸で人気の「卵ふわふわ」と「卵の黄金漬け」

江戸料理の教室を開くとき、紹介すると喜ばれるのが「卵ふわふわ」です。

濃いめの出汁の上に、卵をムース状にしあげたものをのせるだけのシンプルな料理で、現代なら節約料理に入るでしょうが、当時は徳川家の饗応料理の献立になるほどのご馳走でした。

弥次さん喜多さんの珍道中で知られる十返舎一九の『東海道中膝栗毛』や、大坂の豪商・升屋平右衛門の『仙台下向日記』には、袋井宿の太田脇本陣の朝食に出されたとい

■ 西郷さんも近藤さんも愛した「卵ふわふわ」

【材料】 ２人分
卵…２個
出汁…1.5カップ（300mℓ）
砂糖…ひとつまみ
塩…小さじ２分の１
醤油…大さじ１
黒胡椒…少々

【つくり方】
①卵を黄身と白身に分け、白身だけを電子レンジで10秒ほど加熱する。
※白身の細胞が壊れ、泡立てやすくなる。
②泡立て器で①の白身を泡立て、砂糖と黄身を加えてさらに泡立てる。きめが細かいほどふわふわにする。
②鍋に出汁を沸騰させ、塩と醤油で味を整え、②をそっと流し入れたら火を止め、ふたをして蒸らす。
③なるべく卵を崩さないように器に盛り、黒胡椒をかける

■ 熱々ご飯にぴったり「卵の黄金漬け」

【材料】 １人分
卵の黄身…１個
醤油…適量

【つくり方】
①小さな器に醤油を入れ、卵の黄身だけをそっと落とし、黄身が浸るように醤油の量を調節する。
②ラップでふたをして2日間以上冷蔵保存する。
※黄身が浮いてくるようなら、アルミホイルを小さく畳んで落としぶたに。

う記述が残っています。現在、静岡県の袋井市では「卵ふわふわ」を復活させ、ご当地グルメとして人気を博しているようです。

かわいらしい名前がついたこの料理、維新の三傑の一人・西郷隆盛や、新選組局長・近藤勇の好物だったとも知られています。

ムース状にしあげた卵の上には、黒胡椒をかけます。江戸時代、かけ蕎麦には七味や一味をかけましたが、澄まし汁には黒胡椒をかけるのが定番でした。また、かけうどんにも黒胡椒をかけていたようです。

黒胡椒というと西洋料理の調味料のように思われますが、江戸でも黒胡椒を使った料理は多くつくられていました。たとえば、カキを醤油とお酒で煮立てて最後は黒胡椒をまぶす「カキの胡椒煮」。あるいは、冷や飯に黒胡椒をたっぷり振り、鰹出汁をかけていただく「胡椒飯」も人気でした。胡椒飯は、ピリリと効いた胡椒が最高においしい節約料理で、お酒を飲んだあとの締めにも最高です。

卵料理でもう一つ、料理教室で紹介すると喜ばれるのが、「卵の黄金漬け」です。お吸い物を使う卵ふわふわは料亭料理ですが、卵の黄金漬けは、長屋の住民もつくったことでしょう。貴重な卵を醤油で漬けて保存期間を長くし、それによって卵の味をさらに上等にしあげます。そんな黄金に輝く卵黄を熱々ご飯にのせて、まるで宝物を扱うように大事に崩しながら食べたのではないかと想像すると、ゴクリと唾が出てきます。

江戸っ子の教え「その7」

「野菜」で腸の働きを活発にし、老化を防ぐ

江戸っ子は「一番」がお好き

江戸っ子は、「一番」が大好きでした。なんでも一番をかけて競いあいました。物も、その年の一番をかけて、江戸に運ばれました。綿や初酒の競争もありました。一番になれば「縁起がいい」といって高値で取引されます。現在も、鮪の初競りでは1尾に億という値段がつくように、江戸時代も、一番をとることは宝くじに当たるようなもので、一夜にして億万長者になるのも夢ではありませんでした。

この江戸っ子の「一番」を競い合う気質は、さまざまな技術や文化を発展させました。その一つが料理です。前述した「日々徳用倹約料理角力取組」は日々の節約料理をランキングしたものですし、料理店の番付、名物料理の番付、鰹節や鰻の番付なども人気でした。番付表でランキング1位の大関の座をとりたいがために、つくり手はそれぞれ腕を磨きました。このことも、和食の発展を後押ししたのは間違いないことです。

また、農業では、一番を競い合って、促成栽培が行われるようになりました。他より早く栽培して収穫して出荷できれば、そのぶん高値で売れるからです。

現代で促成栽培といえば、ビニールハウスなどの施設を使います。江戸時代にも、これと似た温室がありました。黒く炭を塗った紙を張り巡らせた小屋をつくり、その中に生ごみと土を置いて発酵させ、室内を温かくしたのです。雨が降っても大丈夫なように、水をはじく性質を持った柿渋などが塗られていたと考えられます。そこで、初南瓜や初茄子など江戸っ子の大好きな野菜をいち早くつくり、青物市に競って持っていきました。

航海の技術も上がりました。いかに早く安全に江戸に物を運ぶかで、同じ物でも取引価格がまるで違ってきますし、一番になれば優遇されることも多くなります。そのため、航海士たちも競って腕を磨き、船も発達したのです。

なぜ、江戸っ子は一番がよかったのでしょうか。

江戸っ子は、人を驚かせたい、人より目立ちたい、注目されたい、褒めそやされたい、もてたい、そんな気持ちが強かったのだと思います。そんな江戸っ子にもっとも大事なのは、「粋」であること。反対に、「野暮」といわれるのは、もっとも恥ずかしいことでした。野暮とは、今でいう「ダサい」。江戸っ子にとっては、「バカ」や「アホ」より、「ダサッ」といわれるほうが傷ついたというわけです。

野暮とはいわれたくない。粋だね、といわれたい。そのためには、やせ我慢をしてでも、見栄を張りました。その年の一番に獲れた初物を食べることも、粋なこと。反対に、初物を食べないのは、野暮なこと。「初物を食べないなんて、江戸っ子じゃないぜ」といわれるわけにはいきませんから、お金をがんばって工面してでも、ふだんは節約してでも、初物を買い求めたのです。

江戸でもっとも粋な野菜「小松菜」

江戸っ子にとっての「粋な野菜」といえば、小松菜ではなかったかと思います。なにせ、小松菜の名づけ親は、八代将軍の吉宗。将軍様が名前をつけた小松菜は、江戸っ子の誇りでした。

吉宗が小松川村（東京都江戸川区）を鷹狩りに訪れた際、献上された雑煮に入っていた青菜の味と香りをたいそう気に入り、その名を尋ねたところ「名前はとくにない」との返事。「では、小松川に因んで小松菜と名づけよ」と命じ、以降、小松菜は将軍が命名した青菜として人気が上がりました。

ただ、吉宗が食べた小松菜と、私たちが食べている小松菜は、種類が少し違います。吉宗が食べたのは、「葛西菜《かさいな》」とも呼ばれる青菜で、葉が横に広がり、今のものより短い特徴があります。その形状では出荷しにくいというので、葛西菜に青梗菜《ちんげんさい》をかけあわせ、葉がまっすぐ上に伸びるよう品種改良され、現代の姿になりました。

小松菜は短期間で育ち、収穫期が何度もあるため、1年中食べられますが、もとは冬野菜の一種です。青物不足の冬場、霜に耐えてもっともおいしくなります。ほうれん草と違ってアクをとる必要がないぶん調理しやすく、用途も広いため、重宝されました。

正月、江戸の雑煮に必ず入れられたのも、小松菜でした。江戸の雑煮は「質素倹約の精神をいつまでも忘れないように」と、切り餅と小松菜、里芋か鶏肉が入っただけのシンプルな澄まし汁でした。餅と小松菜が雑煮に必ず入れられたのは、「名（菜）を持ち（餅）上げる」と語呂合わせが縁起がよいとされたからです。

また、「日々徳用倹約料理角力取組」の中でも、「小松菜浸しもの」は一年中食べられるおかずとして、精進方・前頭七枚目、つまり10位にランクインしています。

なお、吉宗のころから、浅草周辺では「菜飯田楽《なめしでんがく》」という、田楽に菜飯を添えて出す店が流行しました。

菜飯に使う青菜は、小松菜、大根の葉、蕪の葉など。青菜を刻んで、塩を入れて炊いたご飯に混ぜたり、ふつうに炊いたご飯と刻んだ青菜を混ぜてから塩で味をつけたりなど、調理の手順に少々の違いはありますが、米、青菜、塩という素材だけでつくれます。

青菜を丸ごと生でおいしくいただけるうえ、彩りも美しく、粋な一品です。

小松菜の主な栄養素は、βカロテン、ビタミンC、B群、E、カルシウム、鉄、リン、食物繊維です。豊富に含まれたβカロテンとビタミンCの相乗効果で免疫力をアップし、美肌効果や粘膜を保護する働きも加わります。

カルシウムの含有量は、ほうれん草の3倍以上もあり、ミネラル類も多く含むため、骨粗鬆症予防やストレス解消に役立ちます。また、カリウム、鉄分、亜鉛などのミネラル分もたっぷりと含まれていて、高血圧や貧血の予防にもよいでしょう。

江戸っ子の小松菜人気は、吉宗亡き後も続きました。吉宗が命名してから約百年後の江戸後期に書かれた『新編武蔵風土記稿』には、「菜は東葛西領小松川辺の産を佳作と

■ 江戸っ子の定番倹約料理「小松菜浸しもの」

【材料】 ２人分
小松菜…２束
油揚げ…２分の１枚
出汁…1.５カップ（300mℓ）
酒・みりん・醤油…各大さじ1

【つくり方】
①小松菜は5センチ幅に、油揚げは３ミリ幅に切る。
②鍋で油揚げを空炒りし、出汁と酒とみりんを加えて中火で煮、一煮立ちしたら小松菜を茎の部分から順に鍋に入れる。
③醤油を加えて３分ほど煮たら、火から下ろし、自然に冷ます。

■ 火を使わず風味豊かに仕上げる「菜飯《なめし》」

【材料】 ２人分
小松菜…１束
ご飯…２杯分　塩…２つまみ

【つくり方】
①小松菜は細かく刻み、布巾に包んでしばらく水にさらしたあと、水気を絞って布巾からとり出し、塩で揉んでおく。
②炊きたてのご飯に①を混ぜ、お好みで塩を振っていただく。

する。世に小松菜と称せり」とあります。
数ある青菜の中で、いかに小松菜の人気が高かったかがうかがえる史料です。

庶民の味方「大根」に薬効あり

京都に「京野菜」があるように、東京にも「江戸東京野菜」があります。小松菜もその一つですし、谷中生姜《やなかしょうが》、千住葱《せんじゅねぎ》、目黒の筍《たけのこ》、滝野川牛蒡《ごぼう》なども、江戸東京野菜です。江戸から始まった伝統野菜を継承してきたもの、あるいは在来の固定種か栽培法に由来するものが、江戸東京野菜に登録されています。

ＪＡ東京中央会のホームページを見ると、江戸東京野菜に登録されている50種類の野菜のうち、なんと7つが大根です。練馬大根、伝統大蔵大根、亀戸大根、高倉大根、東光寺大根、志村みの早生大根、汐入大根です。これだけ見ても、いかに江戸っ子が大根好きだったかをうかがい知れます。

それぞれに逸話の残る江戸由来の大根たちですが、もっとも有名なのは、練馬大根でしょう。「犬公方」と呼ばれた5代将軍・綱吉は、将軍になる前の館林藩主時代、江戸わずらいと恐れられた脚気に冒されました。江戸わずらいは、江戸を出れば治るといわれていて、綱吉は練馬の下屋敷でしばらく逗留しました。現在の練馬区の場所は、江戸に含まれていなかったからです。このとき、綱吉は、尾張藩から送られてきた尾州大根の種を蒔いて育てました。これが現在の練馬大根の始まり、とされる有名な説です。

練馬大根は、沢庵漬けや糠漬けに適した大根で、江戸っ子も好んで食べました。大根は、米と豆腐と並ぶ「江戸三白《えどさんぱく》」の一つです。

江戸三白の食材の共通点は、主張せず、他の食材をいかようにも受け止めるけれど、なくてはならない存在——ということです。とくに大根の食べ方たるや、生、煮る、焼く、炒める、揚げる、干す、漬ける、すりおろすと、なんでも来い。生ならばさっぱりと瑞々しく、おろすと辛くなり、火を通すと甘くなるなど、まさに変幻自在の食材で、料理のバリエーションを広げてくれます。

これほど多彩な大根ですから、『豆腐百珍』に続き、『大根百珍』も刊行されました。天明5（1785）年に刊行された『大根一式料理秘密箱』と『諸国名産大根料理秘伝抄』がそれに当たります。

作者は京都の料理人の器土堂《きどどう》とされており、大根の切り方から調理法、諸国の名物料理まで、大根の魅力を余すところなく引き出しています。

なかでも秀逸なのが、『大根一式料理秘密箱』に掲載されている「揚げ出し大根」。素揚げの大根に大根おろしをのせた料理です。素揚げの大根は外側が甘くて熱々、内側はシャキシャキで瑞々しく、その上には辛くて冷たい大根おろしをのせるという、大根の3つの味わいを一皿で楽しめる発想には驚きです。

大根の持つ毒消しの働きは、江戸時代から注目されていました。

大根の根の部分には、消化酵素であるアミラーゼ、プロテアーゼ、リパーゼなどが含まれていて、胃腸の働きを活発にし、胸やけや胃酸過多を抑えてくれます。そのため、大根おろしを食べると、胸やけが消え、胃がスッと楽になる効果を江戸っ子も注目していたのでしょう。

私も、胃がもたれたときには、大根おろしの絞り汁を飲むようにしています。さすがは「天然の消化剤」と呼ばれるだけあって、たちまち胃がスッとします。

大根には、魚の焦げにある発がん性物質を抑える働きもあるとされます。焼き魚に大根おろしを添えるのは和食の定番ですが、実に理にかなった組み合わせです。

さらに、大根を乾燥させた切り干し大根は、生の大根より栄養価が高く、カルシウムや鉄などのミネラルの含有量が非常に多くなります。しかも、腸内細菌のエサになる水溶性食物繊維も、腸の働きを活発にして大便を大きく育てる不溶性食物繊維も豊富で、腸活にぴったりの食材です。乾燥したまま適当な長さに切ってサラダに混ぜておくと、野菜の水分を吸って、相乗効果でおいしくなります。

食卓にもう1品、簡単な副菜が欲しい、と思ったときの大根料理も紹介しましょう。江戸時代の料理本『素人包丁』に掲載されている「大根の青のり和え」です。酢の酸味と青のりの香りが大根の食感によくあっていて、「こんなに簡単なのに、思いつかなかった！」と初めて再現したときに驚きました。

一方、大根の葉は、緑黄色野菜です。ビタミンCやβカロテン、カルシウムに鉄分といった免疫増強と健康長寿に必要な栄養素が豊富ですので、残さずいただきましょう。味噌汁の具にしたり、炒めたり、浅漬けにしたり。小松菜でつくる菜飯のレシピを紹介しましたが（193ページ）、大根の葉に変えてつくってもおいしいです。

「里芋」は子孫繁栄を祈願する縁起物

今は「いも」というと、さつまいもかじゃがいもを指します。一方、江戸っ子にとって、「いも」といえば里芋でした。

里芋は、稲の伝来より早く、縄文時代中期に日本に伝わり、長く日本人の主食でした。稲作が行われ、米が主食となったのちは、副菜や汁物に多く使われてきました。

江戸では、縁起のよい食材ともいわれていました。親芋、子芋、孫芋と次々にできていく様子が子孫繁栄の象徴とされ、正月のおせち料理に欠かせない食材でした。

江戸っ子はイベント好きと前述しましたが、お月見も大事な行事の一つでした。お月見でも里芋は欠かせない役割を果たしています。天保9（1838）年に刊行された『東都歳事記』には、「中古迄は麻布六本木芋洗坂に青物屋ありて、八月十五夜の前に市《いち》立て、芋を商ふ事おびただしかりし故、芋あらひ坂とよびけるなり」とあります。

■ 大根の魅力を再発見「揚げ出し大根」

【材料】 2人分
大根…8分の1本
胡麻油…適量
醤油…大さじ1
黒胡椒・大根おろし…適量

【つくり方】
①大根の皮をむいてかまぼこ型に切り、胡麻油でじっくりと、全体に焦げ目がつくまで素揚げする。
②器に盛り、醤油をかけて大根おろしと黒胡椒をのせる。

■ 磯の風味豊かな一品「大根の青のり和え」

【材料】 2人分
大根…100g
酢…小さじ2
塩…2つまみ
青のり…適量

【つくり方】
①大根は皮をむき、1.5センチ角のサイコロ型に切り、熱湯で30秒ほどゆでる。
②湯を切って、熱いうちに酢と塩をからめ、青のりをまんべんなくまぶす。

この芋も、里芋のことです。

平安時代に貴族の間で始まったお月見は、江戸時代には庶民の間にも広まり、中秋の名月がちょうど里芋の収穫期と重なったこともあり、「衣被《きぬかつぎ》」がお供えされました。

衣被とは、小ぶりの里芋を皮つきのままゆでるか蒸しただけのもの。現在も居酒屋の突き出しなどでよく出てきます。衣被とは本来、平安時代の女性が頭と顔を隠すために、頭から肩にかけていた布のこと。ゆでた里芋の皮を押すと白い中身がヌッと出てくる様子が、衣被を脱いだときの女性の白い顔に似ていると、名づけられました。里芋を洗ってゆでるだけの料理でも、「衣被」という粋な名前がつくと、素敵な料理に見えてきます。

里芋は、生食はできませんが、煮物、和え物、蒸し物、揚げ物、汁物、はては「芋茎《ずいき》」や「芋がら」と呼ばれる葉柄まで、さまざまに調理できます。なかでも代表格といえば、今も昔も里芋の煮物である「煮っころがし」。江戸弁では「煮ころばし」と呼ばれていました。煮ころばしも、江戸の節約料理番付「日々徳用倹約料理角力取組」の、精進方・秋の段にランクインしています。

近年は、じゃがいもやさつまいもに押され、江戸期の10分の1程度まで消費量が落ち込んだこともありました。しかし昨今、「腸活によい」と里芋のよさが見直されていま す。里芋の主成分はでんぷんですが、腸内細菌の大好物である水溶性食物繊維も豊富で す。独特のぬめりの成分はムチンといって、胃腸の粘膜を健康に保つ効果があるとされ ます。とくに、胃酸から胃の粘膜を保護して修復する働きがあるので、胃炎や胃潰瘍の 予防にもよいでしょう。しかも、じゃがいもやさつまいもに比べて水分量が多く、エネ ルギー量が少ないので、ダイエットに最適です。

「芹」は数少ない日本原産の野菜

以前、築地の青果コーナーに取材に行ったことがあります。そのとき、対応してくだ さった方がこんなことを話してくれました。

「50年前は、青果コーナーにいると、それぞれの野菜が持つ香りで、むせかえるようで した。それを政府が、それぞれの香りを抑えろ、くせを落とせ、苦味を消せといい続け、 それにあわせて品種改良が行われました。日本人の野菜離れを抑えて、消費量を上げるためです。だから今は、青果コーナーはほぼ無臭になっています」

この話を聞き、ふと自分の子ども時代を思い出しました。たしかに、にんじんなどは、もっと香りが強く、青臭さもありました。あの味が苦手で食べられない子どもも多くいました。しかし今は、甘味は強くなっていますが、臭みはほぼなくなっています。

「ところがです。50年かけてやっとここまで来たのに、最近では、もっと香りの強いにんじんが欲しい、という。戻すのにまた50年かかるのに……」

なぜ、今になって香りや味の濃い野菜が求められるようになってきたのでしょうか。

昨今の健康ブームにのって、野菜の栄養価に注目が集まるようになってきたことが大きいでしょう。野菜の個性的な味は、その野菜が持つ栄養価の高さを表します。

とくに、香り、色味、苦味、辛味、えぐみ、渋味などは、「フィトケミカル」といって抗酸化成分によるものです。抗酸化成分とは、体の細胞の酸化を防ぐ成分のこと。細胞の酸化は、劣化や老化を引き起こしますし、遺伝子を傷つけてがん細胞を生み出す原因にもなります。香りや味の濃い野菜を食べることは、細胞を若々しく保ち、健康長寿を築くために重要です。そのことに気づき、「古きよき野菜たち」の健康作用を惜しく思っても、一度手放してしまったらとり返すのは大変なことです。

江戸時代の人たちは、現代の私たちが食べていた野菜より、もっと味が濃く、香りも強い野菜を食べていました。それはすなわち、栄養価が高い野菜です。胡瓜やほうれん草、ごぼうなど、昔はあく抜きが必要だった野菜も、今ではあく抜きせずに食べられるものが多くなりました。野菜のあくこそが、フィトケミカルです。

芹も、収穫量、出荷量ともに大幅に減っている野菜の一つです。香りの高い芹もフィトケミカルの豊富な野菜。そして、江戸っ子にとって、なくてはならない野菜でした。そもそも芹は、『古事記』や『住吉大社神代記』にも登場する、数少ない日本原産野菜の一種です。栽培も比較的簡単で、いったん群生すればあとは簡単。「競りあうように生える」という様子から、「せり」の名がついたといわれます。

独特の爽やかな香りを持つ芹は、昔から鍋もの、とくに肉類の鍋をつくる際には欠かせない食材でした。冬から春にかけて、近辺の畔道にも群生する芹は、タダで手に入るし、肉の臭みも消せるし、格好のつけあわせだったというわけです。

「鴨が葱を背負って来る」との言葉がありますが、本来は鴨鍋といえば芹が定番でした。

これが長葱にかわられたのは、芹は冬場しかとれないのに対し、長葱は一年中収穫できるから。芹のない時期に、長葱で代用されたためです。今では鍋といえば白菜と長葱ですが、江戸時代、白菜は日本にまだありませんでした。江戸っ子にとって鍋の定番野菜は、芹と長葱だったのです。

芹は、さまざまな調理法があります。前述の『料理物語』には、芹独自の調理法として、「芹　汁　あへもの　せりやき　なます　いり鳥にいり」が書かれています。

芹は葉の部分も美味ですが、栄養価がさらに高いのは根っこの部分。香りも豊かです。芹根飯は、冷や飯をおいしく食べるために、最高の調理法でした。

また昔から、芹にはさまざまな効用があると知られていました。

江戸初期、寛永7（1630）年刊行の『和歌食物本草』によれば、「芹は甘くて毒がなく、血を止め、精を養い、気力を増す」とあり、『本朝食鑑』にも「大腸小腸の働きを良くし、黄疸を除き去る。酒後の熱を取る」とあり、肝臓にもよいとされていたことが読みとれます。

実際に芹に含まれる栄養素を調べてみると、鉄分とカルシウムが貧血に効き、カロテ

■ 芹の香りを存分に味わう「芹と鶏肉の小鍋仕立て」

【材料】 ２人分
芹…２束　鶏もも肉…100ｇ　鶏挽肉…100ｇ　塩・胡椒…各少々
長葱…適量　卵白…２分の１個分　豆腐…４分の１丁
出汁昆布…７センチ幅　酒・醤油…各大さじ１

【つくり方】
①鶏肉は食べやすい大きさに切る。ボウルに鶏挽肉、長葱のみじん切り、塩、胡椒、卵白を加えてよく混ぜ合わせ、鶏団子をつくる。
②芹はとくに根をよく洗い、４センチ幅に切る。豆腐は食べやすい大きさに切る。
③小鍋に水と出汁昆布を入れて火にかける。沸いてきたら出汁昆布をとり出し、酒と醤油で味をつけ、鶏肉と鶏団子を煮る。
④鶏肉に火が通ったら豆腐を入れ、芹を加える。

■ 冷や飯をおいしく食べる「芹根飯」

【材料】 １人分
芹の根…５束分
芹の葉…１本　ご飯…１杯分
酒…小さじ１　醤油…小さじ１
出汁…250㎖　塩…少々

【つくり方】
①芹の根はよく洗って、水気を切る。
②鍋に酒と醤油を入れて中火にかけ、①をサッと煮る。
③ご飯に②をのせ、温めて塩を加えた出汁をかける。芹の葉を上に飾る。

ンとビタミンCが抵抗力を高め、精油成分が心をリラックスさせ、がんの予防にも効果的とあります。また、お正月の七草粥に入っていますが、芹は食べ過ぎで疲れた内臓や血液の毒出しをする薬草とも知られていました。

これほど健康作用の高い芹を食べないなんて、もったいないこと。冬が来たら「芹！」というくらい、芹を健康増進にとり入れていきたいものです。

漢方薬にもなり精もつく「牛蒡」

牛蒡を食用とする国は、日本と韓国と台湾だけといいます。原産地である中国やヨーロッパではごぼうは薬であり、食材としては使われていません。縄文～平安時代の間に漢方薬として伝わったごぼうを、日本人は食用として独自に栽培を始め、江戸時代には全国でつくられ、常食されるようになりました。

『料理物語』には、ごぼうの調理法として「汁　あへもの　に物　もち　かうの物　茶ぐはし　其外いろゝ。」とあります。汁物、和え物、煮物、香の物は現在も一般的な調理法ですが、餅や茶菓子としても食べられていたとは驚きです。

江戸の節約おかず番付「日々徳用倹約料理角力取組」にも、ごぼうのおかずは5つもランクインしています。精進方・小結（野菜のおかず部門3位の意味）に「きんぴらごぼう」が選ばれているのに始まり、春の段には「叩きごぼう」、夏の段には「ささげごぼうのあへ（さやいんげんとごぼうの和え物）」、秋の段には「ごぼうふとに」、冬の段には「わぎりごぼう」と、すべてのカテゴリーを制覇。いかにごぼうが身近な食材であったかがわかります。

ちなみに、「きんぴらごぼう」は漢字で書くと「金平牛蒡」となります。これは、浄瑠璃の主人公で、勇猛果敢な坂田金平《さかたのきんぴら》からとった料理名です。

江戸時代、ごぼうは精がつく野菜と考えられていました。きんぴらごぼうは、ごぼうの硬さと唐辛子の辛さも相まって、インパクトがあって強くなれる料理、という意味でつけられたようです。

坂田金平は芝居のために書き下ろされた架空の人物ですが、設定では、彼の父親は坂田金時となっています。坂田金時とは、大江山の酒呑童子《しゅてんどうじ》退治で有名な、源頼光《みなもとのらいこう》の四天王の一人。お伽噺『金太郎』の成人後の姿、といった方がわかりやすいでしょうか。

大変に江戸っ子に愛されていたごぼうが、幕末に近い弘化3（1846）年、突如として〝スキャンダル〟に見舞われます。「ごぼうには毒があり、食べると死ぬ」という噂が広まったのです。これによって、ごぼう人気が急降下し、敬遠されました。

今もときどき起こる事故ですが、これはおそらく、ごぼうと間違えて、チョウセンアサガオの根を食べてしまったことによる、中毒事故が原因ではないかと思います。

この噂は数か月後に消え、その後は再び人気の高い野菜として食べられるようになりました。ところが近年になって、「ごぼうは繊維質だけで栄養がない」などと発表されたことがあります。しかしこの誤解も、若返りの妙薬として「ごぼう茶」が大人気になったり、腸活ブームにより食物繊維の重要性が見直されたりしたことですっかり消え、「健康によい野菜」として再び注目されてきています。

このようにドラマティックな歴史をたどってきたごぼうですが、調理方法も大きく変化しました。以前は、ごぼうの下ごしらえにあく抜きが必須とされていましたが、今は
① 皮をむかずに泥を洗い落とすか、軽く削ぐ程度に留める

■ 精がつくご馳走レシピ「ごぼうと鴨の煎りつけ」

【材料】 １人分

ごぼう…２分の１本　鴨肉…３枚

三つ葉（芹、水菜などでも）…１束

酒・みりん…大さじ１　醤油…小さじ２

【つくり方】

①鴨肉は軽く塩を振っておく。三つ葉は４センチ幅に切る。ごぼうは洗って泥を落とし、薄めのささがきにする。

②鍋で、鴨の両面を弱火でじっくりと焼き、酒、みりん、醤油を加える。煮立ったらごぼうを入れ、最後に三つ葉を入れて、汁気がなくなったら火を止める。

■ 山椒の辛味が食欲をそそる「叩きごぼう飯」

【材料】 ２人分

ご飯…適量　ごぼう…１本

酒・醤油…各大さじ４

粉山椒…小さじ２分の１　胡麻…適量

【つくり方】

①ごぼうを洗って泥を落とし、鍋の幅に入る長さに切る（太い場合は縦にも２等分や４等分に切る）。

②鍋に熱湯を沸かし、ごぼうを１分ゆでたら水に軽くさらし、まな板に並べる。上からキッチンペーパーをかぶせ、すりこ木で叩いてごぼうに割れ目を入れたら、３〜４センチの長さに切る。

③鍋に酒と醤油を入れて中火で沸かし、②と粉山椒を入れて、鍋を転がしながら煮詰める。

④汁気がなくなったらご飯にのせて、胡麻をまぶす。

②水や酢水にさらさない
③大きめに切る
このほうが体によいとされます。せっかくの味や香りや栄養素が水に流れていってしまうからです。品種改良された現在のごぼうはあくが少なくなっており、そのまま調理に使えるものが多いのです。

とくに煮物の場合は、煮ている間に浮いてくるあくを適度にすくえば十分。肉や魚と一緒に煮るときはむしろとらないほうがよいでしょう。ごぼうのあくが臭み消しの役目を果たしてくれます。

ごぼうは、土つきで、曲げたときにポキッと折れるほど、水分を含んでいるものが新鮮です。洗いごぼうは調理が楽ですが、香りも水分も失っています。シナッと曲がるようなごぼうは、水分が飛んでスが入っている場合も多く、おいしくありません。

泥は、キッチンスポンジの裏の硬い面でこすり洗いをすれば簡単に落ちます。皮をピーラーなどでむく必要もありません。皮とその内側が香り高く、おいしい部分ですから、皮をむいてはもったいない。「泥つきごぼう」というと、「ちょっと面倒」と感じるかもしれませんが、下処理は洗って泥を落とせばよいだけ。日常的に食べていた江戸っ子のように、腸活や若々しい体づくりに活用していきましょう。

【コラム】江戸こぼれ話③

「しおらしい」は「塩が欲しい」が語源

■■■

江戸時代、内陸部で塩は非常に貴重なものでした。「しおらしい」との言葉がありますが、この語源は、山間部の塩不足の窮状を物語っています。山あいの家の女たちは、塩をなんとか手に入れようと、塩を持っていそうな行商人が来ると、懸命にいい寄りました。その近づき方が素人ゆえにぎこちなく、「どうもこの女は塩が欲しいらしい」から「しおらしい」と転じ、可憐で従順な女性を指すようになったといわれています。

塩は料理の要で、塩加減でおいしくもまずくもなります。こんなエピソードもあります。徳川家康が家来を集めて宴席を設けたときのこと、「この世でいちばんうまいものは？」との問いに、賢女と名高い側室のお勝の方（英勝院。お梶の方とも）は「塩」と答えました。理由は「山海の珍味も、塩気がなければ味が調いません」。反対に「いちばんまずいものは？」との問いにも、答えは「塩」。「どんなにおいしいものも、塩が過ぎると食べられませぬ」。これを聞いて一同は感心しました。「必要とされ、しかも出過ぎるな」と家来としてのあり方を、お勝の方は塩に例えて皆に知らせたのかもしれません。

江戸っ子の教え「その8」

「酢」と「日本酒」で食を豊かにしつつ、感染症も予防

せっかちな江戸っ子が生んだ「握りずし」

江戸の食文化をテーマに講演会をする際、もっとも人気のテーマがすしです。すしは今や世界でもっとも有名な和食になっていますし、日本人である私たちもすしをつまむとき、心が豊かになるような気持ちがします。

現代では、すしというと、まずイメージされるのは握りずしですが、もともとは、魚を塩と米飯で長期間乳酸発酵させた「熟《な》れずし」に始まります。滋賀県の郷土料理である「鮒ずし」は典型的な熟れずしの一種で、原形をとどめなくなったご飯部分をとり除き、魚部分だけをいただきます。

室町時代になると、ご飯を捨てるのはもったいないと、漬け置く期間を数週間以内に留め、ご飯も一緒に食べるようになりました。これを「生熟れずし」と呼びます。やがて塩だけでなく、ご飯に酒や酒粕、麹などを加えて、発酵を促すようになりました。

江戸時代に入ると、すでに米酢が流通していたこともあって、ご飯に酢を混ぜてつくる、発酵させないすしが上方で誕生しました。ご飯にネタをのせて押し、1～2日間ほど寝かせてつくるすしは、「早ずし」とも呼ばれました。この早ずしが、現在も郷土料理や土産物などでよく見かける「姿ずし」「箱ずし」「棒ずし」などに発展していきます。

握りずしが誕生したのは、江戸時代も末期になってから。発酵も寝かせることもせず、ご飯に酢を加え、１貫ずつ握って手っとり早く食べられるスタイルが考え出されました。

「発酵させて酸っぱくさせるのだったら、酢飯にすればすぐ食べられるじゃないか。酢飯を握ってネタをのせれば、押したり寝かせたりしなくてもいいじゃないか」

というせっかちな江戸っ子ならではのアイデア。いかにも江戸生まれの食べ物、という感じがします。

握りずしを発展させた料理人の知恵

当初、握りずしは高級品で、出前で屋敷や宴の席に運ばれていく料理でした。富裕層向けの料理だったのです。寿司屋で名を馳せていたのは、「江戸三ずし」と呼ばれた３つの店です。

その一つが今も神田小川町に残る「毛抜鮓《けぬきずし》」。そして今はなき、両国の「與兵衛寿司」と深川の「松ヶ鮨」です。

この中でもっとも古いのは、越後出身の松崎喜右衛門がつくった「毛抜鮓」で、創業が元禄15（1702）年です。「毛抜鮓」の寿司は、ネタを酢で締め、笹の葉で巻いて押した「包み押しずし」で、純粋な握りずしではありませんが、歴史が圧倒的に古く、他の2店を100年以上大きく引き離し、現在のご主人で13代目です。

次に創業したのが堺屋松五郎の「いさごずし（通称：松ヶ鮨）」で、華屋與兵衛の「與兵衛寿司」は文政7（1824）年に創業。初めてすしにわさびや田麩《でんぶ》を挟んだといわれています。

「與兵衛寿司」と「松ヶ鮨」で出されていたのは、押しずしと握りずしの合体版で、押しずしの上に握りずしがのっている、というなんとも不思議なスタイル。テイクアウトの際も、これがそのまま箱詰めされている絵が今も残っています。

価格は、「與兵衛寿司」はひと盛りが現在の相場で8000円ほど、「松ヶ鮨」の価格は人気とともに値上げされ、1人前5～15万円もしたといいます。

ちなみに、「與兵衛寿司」の華屋與兵衛にはこんなエピソードが残されています。

冷蔵庫のない時代、通常のすし屋は、朝に魚を仕入れたら、すぐに仕込みをして、昼に客が食べに来て、夕方にはネタ切れになって店じまい、というのが一日の流れでした。ところが華屋與兵衛は、昼に魚を仕入れ、夜にすしを岡持ちに詰めて売りに行くことを考えました。お大尽が豪遊する色街への出前を戦略的に始めたのです。お座敷で岡持ちのふたをスーッとあけると、カラフルなすしがきれいに並んでいます。遊女や芸者たちはその美しさに目を輝かせ、「これとこれがいいわ」とわれ先にと選んだでしょう。支払いはお大尽持ちですから、相場よりも上乗せできます。これが江戸で話題になり、與兵衛寿司の名を知らしめ、大儲けをしたそうです。

当時のすしネタは、煮る、蒸す、茹でる、ヅケ、昆布〆、酢洗いなど、すべてに下ごしらえがしてありました。生のネタをそのまま切ってのせる「生ずし」は食中毒の危険があり、下ごしらえは安全においしく食べるための工夫でした。『守貞謾稿』には、具材は「鶏卵焼き、車海老、海老そぼろ、白魚、鮪刺身、こはだ、あなご甘煮」とあります。今見ても、ずいぶん豪華なラインナップです。

一方、「松ヶ鮨」の堺屋松五郎も豪快な人物でした。「松ヶ鮨」では、その日残った酢飯をすべて川に流したといいます。「うちでは、その日炊いたご飯しか使いません」というパフォーマンスです。ものを簡単に捨てることをしない江戸の町で、しかも銀シャリを川に流すとは。

「さすがは松ヶ鮨！　なんて贅沢な！」

ところが幕府がこんな無駄を許すはずはありません。たちまち大目玉をくらってしまいました。それでさらに評判を上げたというのですからおそれ入ります。

実は、すしを売り出しはじめたころ、各地の控所に行き、酢飯の中に一朱銀（6250円）を入れた寿司を配って知名度を上げたとか。先行投資に相当な費用をつぎ込んだ、松五郎らしいエピソードです。

「粕酢」の誕生で握り寿司が庶民にも広がった

握りずしが広く庶民の口に入る料理になるうえで、大きな役割を果たしたのが、20

０年以上続く酢の大手老舗メーカー「ミツカン」です。

尾張国知多郡半田村（現・愛知県半田市）の造り酒屋に養子入りしていたミツカンの初代・中野又左衛門は、酒粕を利用した粕酢造りに挑み、文化元（１８０４）年に分家独立しました。

本来、酒蔵家が酢を造ることは、考えられないことでした。酒造りの横で酢を造るというのは非常に危険で、酢酸菌が入ると、お酒がすべて酢になってしまいかねないのです。又左衛門は細心の注意を払い、苦心に苦心を重ね、粕酢を完成させました。

又左衛門が粕酢を販売するまで、酢は調味料番付に登場していません。米酢は高級品で、庶民も料理屋も、気軽に使えるものではなかったからです。だからこそ又左衛門は、酒造りの副産物として大量に出る酒粕で酢を造れば、安価な酢ができて広く流通させられるのではないかと考えたのです。

粕酢が完成したそのころ、江戸では早ずしが話題を呼んでいました。それを聞きつけた又左衛門は、江戸に積極的に売り込みを開始。すると、「粕酢の旨味がすしにあう」「しかも安い！」と知れわたり、與兵衛寿司も松ヶ鮨も、多くのすし屋が粕酢を使うようになりました。

　これをきっかけに、握りずしの大ブームが起こったのです。粕酢は江戸前ずしに欠かせない調味料になりました。

　粕酢は、酸味がまろやかで、旨味が強く、甘味もあります。現代では、酢飯をつくるときに砂糖を入れますが、これは江戸のすしが、甘味のある粕酢によって発展した流れをくんだものです。また、粕酢は赤茶色をしています。その粕酢で酢飯をつくると、薄い茶色になります。ですから、江戸の握りずしは、薄茶色のシャリだったのです。

　この粕酢が江戸で広く販売されたことで、屋台のすし屋も数をいっきに増やしました。屋台での握りずしは、まさに江戸のファストフード。ササッと楽しめる気軽な食べ物として親しまれました。

　ただ、江戸の屋台の握りずしは、今の握りずしとはずいぶん違います。今よりシャリの量が4～6倍ほどもあったのです。1個がおにぎり1個分の大きさです。ずいぶんと豪快なすしです。値段は1貫で6～8文。現代の物価に換算すれば150～200円くらいです。

握られたすしが、もろぶた（浅い木の箱）に並べられると、客はそれを手にとって頬張ります。丼にはたくさんのガリ（生姜の甘酢漬け）が入っていて、食あたり防止の役目も果たしました。客は帰り際、すしをつまんだ指を屋台の暖簾で拭いて帰るため、「うまいすしを食べたければ、暖簾の汚れている店を探せ」ともいわれていました。これを逆手に取って、わざと暖簾を汚しておく、抜け目ない店もあったようです。

屋台のネタは、こちらも江戸前の海で獲れるこはだや車海老、白魚、あなご、蛤などが中心で、すべてあらかじめ味がついています。鮪を醤油で漬けたヅケも加わりました。

なお、江戸のすしに欠かせなかった粕酢は、現在、その色から赤酢とも呼ばれます。

また、ミツカンでは当時のレシピのままに「山吹」の名で製造販売しています。

「酢」「白味噌」「練り胡麻」でつくる和え衣

今や酢は、和食に欠かせない調味料の一つになっています。それは、江戸末期にすしの大ブームとともに江戸中に広がった粕酢があってこそです。「日々徳用倹約料理角力取組」がつくられたのは、幕末の天保年間（1830〜1842年）ですが、ここにもすでに酢でつくる節約料理がいくつか出てきます。かつては高級品であった酢が、庶民の台所にも置かれる調味料になったことを表す証拠ともいえるでしょう。「日々徳用倹約料理角力取組」には、「わかめのぬた」「いわしのぬた」と2つのぬた料理が記載されています。

ぬたとは、酢味噌を使った和えもののこと。野菜や魚介類を酢味噌で和えれば、健康増進に役立つ副菜ができあがります。酢味噌は、「酢＋味噌」という「発酵食品＋発酵食品」でできる調味料です。

通常、酢味噌は、白味噌と酢を混ぜあわせてつくります。現代では砂糖を入れることもありますが、江戸時代、砂糖はまだ高級品で、日々の倹約料理に使ったとは考えられません。一方、練り胡麻はさまざまな料理に使われていました。酢味噌にも、練り胡麻を加えると、甘味もコクも加わり、おいしくて食べやすくなります。

胡麻は、縄文時代にはすでに日本に伝わり、奈良時代には栽培が始まって、胡麻油の製造も行われています。江戸時代には栽培が進んで、庶民の口にも入るようになりました。胡麻和えや白和え、胡麻豆腐、胡麻菓子など、胡麻を使った料理法は、江戸の料理書にたくさん掲載されています。

「利休」の名がついた料理もいくつか残っていますが、これは千利休が胡麻菓子や胡麻料理を好んだことと、利休が好む焼き物の器が胡麻を散らしたような風合いをしていたことから名づけられたものです。

日本人が古くから胡麻をさまざまな料理に活用してきたことは、その種類の豊富さにも表れています。スーパーの食品売り場を見るだけでも、「洗い胡麻」「むき（みがき）胡麻」「炒り胡麻」「すり胡麻」「練り胡麻」「胡麻油」と6種類もの胡麻製品があります。さらには、胡麻の種類によって、「白胡麻」「黒胡麻」「金胡麻（茶胡麻）」と製品がわけられています。

ちなみに、欧米では白胡麻以外の胡麻を料理に使いませんし、すり胡麻が売られているのも日本だけです。

キレる心の裏には、ミネラル不足も

胡麻には、人間が生きていくために必要な栄養素がすべてつまっている、といわれるほど健康維持にすばらしい食品です。

三大栄養素である炭水化物・脂質・たんぱく質を含むうえ、ミネラル分がとにかく豊富です。とくに現代人に不足しがちなカルシウム、鉄分、亜鉛を多く含みます。

カルシウムは骨や歯をつくるだけでなく、神経の働きや筋肉運動など生命の活動に欠かせないミネラルです。

鉄分は血液をつくる際に不可欠なミネラルで、不足すると全身の組織が酸欠状態になって、疲労感が強まり、思考力や集中力、免疫力が低下したり、イライラがつのったりします。

亜鉛は、たんぱく質の合成や酵素の働きに関与していて、不足すれば免疫力の低下や味覚障害、皮膚炎などが起こってきます。また、男性力を高めるミネラルとしても知られています。

さらに、胡麻特有の機能性成分であるゴマリグナンには、抗酸化作用やコレステロールが増えるのを抑える作用、脂肪の代謝を促す作用などがあります。

最近、すぐにカッとなって怒りっぽい人、キレると何をするかわからない人が増えています。こうした「キレる」という症状の背景には、ミネラル不足も関与している、と見られています。心の安定にもミネラルが必要で、胡麻をとるのは効果的です。

これほどの作用を持つ胡麻ですから、心身の健康には１日に大さじ１〜２杯とるとよいといわれています。しかし、栄養素は硬い殻とその中にあり、粒のままとっても消化吸収率が悪い、という難点があります。

一方、練り胡麻はペースト状になっているので、胡麻の持つ健康作用を効率よく摂取できます。甘味や風味も感じやすく、コクもあります。甘味、風味、コクを足したいなというときには、練り胡麻を加えると、味がランクアップするうえ、ミネラル分も豊富な料理にしあがります。

そこで、話が戻りますが、ぬたに使う酢味噌には、練り胡麻を加えるのがおすすめです。「ぬたはちょっと酸っぱくて」と思っている人も、練り胡麻を加えることで、驚くほどおいしいおかずになります。

この和え衣をつくって冷蔵庫に常備しておくと、おいしいぬたをパパッとつくれて便利です。わかめを和えれば「日々徳用倹約料理角力取組」で伝える「わかめのぬた」に、鰯の刺身を和えれば「いわしのぬた」になります。長葱を切って軽く湯通したものをあえた「葱のぬた」もおいしいですし、タコやイカ、貝のむき身、ちくわ、鶏のささ身、菜の花、ほうれん草、小松菜、茗荷、きのこ類なども、おいしいぬたになります。

酢は、健康作用の高い調味料です。

もっとも知られているのは、血圧を安定させる作用です。酢を毎日とることで、高血圧の人は血圧が下がり、正常な人の血圧は安定する、と報告されています。

また、酢を糖分と一緒にとると、エネルギーの産生効率がよくなり、疲労回復に効果的です。とくに夏場に酢をとると、体が元気になるように感じるのは、エネルギーが産生されることで体力が回復されてくるからです。また、さっぱりとした酸味が食欲を増進させてくれます。

ダイエット効果もあります。酢を毎日とることで、内臓脂肪を減らす働きがあることがわかってきていますし、酢の主成分の酢酸には、過剰な血中脂質を低下させる作用があるとされます。

何より注目したいのが、胃腸の働きを活発にすることです。酢の酢酸は、胃腸を刺激して蠕動《ぜんどう》運動を活発にします。また、腸の善玉菌を増やす作用もあります。これによって、便秘の改善にも役立ちます。

こうした酢の効用は、毎日とることで発揮され、とらないと失われます。よって、酢は毎日大さじ1～2杯とるとよい、とされています。

練り胡麻と白味噌で和食はもっとおいしくなる

和食の基本調味料は、みなさんもご存じのとおり、「さ（酒／砂糖、みりんを含む）、し（塩）、す（酢）、せ（醤油）、そ（味噌）」です。和食では、この語呂あわせが示すとおり、「さ、し、す、せ、そ」の順番で調味料を使うことが基本です。

この基本がいつごろできたのかは定かではありませんが、醤油を「せいゆ」と昔の呼び名で読ませたり、「味噌」だけが下の字を拾っていたりなど、工夫のあともうかがえます。

「味がしみ込みにくい調味料」「素材の旨味を引き出す調味料」「素材をやわらかくする調味料」は早めに使い、香りが飛びやすいものはあとに使うと、料理が合理的においしく仕上がるというわけです。

こうした和食のコツは、親から子へと教え継がれてきました。

江戸の食文化を研究し、さまざまな江戸料理を再現していく中で感じることは、和食のすごさは、「さ・し・す・せ・そ」の調味料でほぼ成り立つことです。わずか5種類の調味料をそろえておけば、江戸の料理書に示されたレシピをほぼ再現できます。この簡潔さの中で、おいしさに加えて、健康増進や倹約まで成立させた江戸っ子の知恵には感服するばかりです。

ただ一つ、「さ・し・す・せ・そ」の調味料に練り胡麻を加えるとさらによいと思います。練り胡麻には、前述したような現代人に不足しがちな栄養素を備えていることに加え、いつもの料理をワンランクおいしくする働きのすばらしさがあります。江戸では、練り胡麻も定番の調味料でした。

江戸っ子が大好きだった和え衣には、酢味噌の他に、白和えもあります。この白和えにも練り胡麻を使っていました。

白和えは、江戸の代表的な倹約料理の一つですが、最近では、つくる家庭が減ってきています。淡泊な味わいが、現代人の舌に馴染みにくいのだと思います。ところが、白和えの和え衣に練り胡麻を加えると、大人も子どもも楽しめる味に変わります。私も初めてつくったときは感動しました。

「日々徳用倹約料理角力取組」にも、「ひじき白和え」「人参白和え」「こんにゃく白和え」「うど白和え」「切り干し白和え」がランクインしています。

白和えの和え衣もつくり方は簡単です。豆腐４分の１丁（80グラム）と白味噌大さじ2と練り胡麻大さじ1を練りあわせればよいだけ。この分量もお好みで調整してくださ い。豆腐は絹ごしを使うとなめらかにしあがります。豆腐の水切りも必要ありません。白味噌と練り胡麻が硬いので、豆腐の水分があることで、三者がなじみやすくなります。

ただ、白和えの和え衣は、日持ちがしないので、その都度つくりましょう。簡単ですから、さほどの手間にもならないと思います。具には、江戸っ子がよく使っていたひじき、人参、こんにゃく、うど、切り干しもおすすめですが、ほうれん草や小松菜、芹などの青菜全般もよくあいます。小海老を加えても美味です。

なお、ぬたや白和えには、白味噌の役割も大事です。白味噌の甘味があれば、砂糖は必要ありませんし、白味噌を使うことで色がきれいにしあがります。

白味噌と練り胡麻を上手に活用して、江戸の料理を楽しんでください。

品質の低い日本酒をおいしく飲む方法

江戸の人は、お酒もよく飲みました。今のように年齢制限もないので、子どももお酒を飲んでいたようです。

江戸では、山城国の伏見の酒、摂津国の伊丹・池田・西宮の酒、播磨国の灘の酒は、上方から江戸に下る「下り酒」の中でもとくに珍重され、上々酒、極上酒として取引されるなど評価が高く、高値でした。

江戸幕府は、地方の酒を買っていると出費ばかりでもったいないと、地酒造りに力を入れる一方で、地方のお酒の出荷制限をたびたび行いました。それによって地方の多くの酒蔵が大打撃を負うのですが、そうまでして守ろうとした江戸の地酒は、味がどうにも定まりません。江戸っ子たちは「酒はやっぱり下り酒がうまい！」「江戸の地酒は、うまくない」と、地酒人気に火はつきませんでした。

最大の問題点は、江戸の水質にあったのでしょう。酒造りでは、技術的なことや自然環境なども大きいのですが、水質が何より重要とされ、わずか数百メートル土地が離れるだけで水脈が違えば酒の味はまるで違ってしまう、というのは有名な話です。

ただ、庶民には、上方のお酒はどうにも高い。江戸周辺で造られる地酒が1升80文（現在のレート換算で約２０００円）とすれば、下り酒は８００文（約２万円）と、差が激しい時は10倍も違うことがありました。

また、江戸の町には、水増ししたり、ブレンドしたりなど、品質のあやしい酒も多く出回っていました。酒の品質に関する規制がまるでなかったためです。

でも、そこは生活の知恵に長けた江戸っ子。まずい酒を、なんとかうまく飲む方法をよく知っていました。いちばんは、熱燗に乾物を入れて飲む方法。現在ではひれ酒が有名ですが、江戸の昆布酒もおすすめです。熱燗に昆布をちょっと入れると、旨味が染み出てお酒の味がワンランクアップします。

熱燗に溶き卵を入れる「卵酒」は今もありますが、江戸では「芋酒」もよく飲まれました。山芋のとろろをお酒でほんの少しだけ煮たものです。風邪を引いたときや体調の悪いときなど、これをすると体がぽかぽか温まり、元気が出てきます。

一方、夏バテ予防に江戸っ子が飲んでいたのは、甘酒です。

今では、甘酒は冬に多く飲まれますが、江戸では夏の飲み物でした。『守貞謾稿』にも、「江戸京阪では夏になると甘酒売りが市中に出てくる。一杯四文也」とあります。4文とは、現在の価格で100円です。

甘酒は「飲む点滴」「飲む美容液」ともいわれるように、エネルギー源となるブドウ糖を効率よく摂取できるうえ、9種類の必須アミノ酸すべてと多くのビタミン類が含まれており、腸内の善玉菌の栄養になるオリゴ糖も豊富です。現在のように冷房器具などなく、自らの体力で夏を乗り切らなければならなかった時代、甘酒を飲むことでエネルギーを効率よく補給していたのでしょう。

現在は一年中、甘酒を飲めます。冷やせば夏に、温めれば冬にぴったりの飲み物になります。また、私は夏に、甘酒豆乳アイスをつくります。甘酒と豆乳を同量ずつ混ぜ、アイスキャンディメーカーや製氷皿に注いで冷凍庫に入れておくだけ。夏の炎天下から帰ったら、これで涼をとり、夏バテ予防に役立てています。

日本酒には新型コロナの働きを抑制する成分が豊富

日本酒には、新型コロナウイルスの感染抑制効果のある成分が含まれていることがわかっています。このことを発見したのは、長崎大学の研究チームで、その成分は「５－アミノレブリン酸」、通称「５－《ファイブ》ＡＬＡ《アラ》」と呼ばれます。培養細胞において、５－ＡＬＡが一定の濃度以上の場合、ウイルスの増殖が１００パーセント阻害されることが確認されたとのこと。すでに臨床試験も始まっていて、治療や予防の薬として期待されています。

５－ＡＬＡは、本来、人や動物、植物などあらゆる生命体の細胞内でつくり出される天然のアミノ酸で、「生命の根源物質」ともいわれます。5-ALAは鉄と結合することでヘムという物質になります。このヘムが血液中のヘモグロビンとなって、酸素を運ぶ働きを助けることで、体のすみずみでたくさんのエネルギーが産生されます。また、植物では、葉緑素を生み出し、光合成を向上させる働きがあります。

つまり5-ALAは、レバーなどに多いヘムや、緑黄色野菜に含まれるクロロフィルが生成される前段階の物質であり、多くの食品に含まれています。とくに多いのが発酵食品です。

なかでも、含有量が群を抜いて多いのが日本酒です。

日本酒は、酒米と鉄分の少ない水で醸造されますが、糖分をアルコールにかえる働きを持つ酵母の育成のために、ヘムが不足します。その代償として5-ALAが過剰に生産されるために、含有量が多くなるのではないかと考えられています。

また、ワインや黒酢、納豆、醤油などにも5-ALAは多く含まれます。加えて、タコやバナナ、椎茸、トマトなどにも見られます。

ただ、それらの食品をとる程度では、新型コロナウイルスの感染や増殖を完全に止められるほどの効力は得られない、ともいわれます。それでも、何種類もの発酵食品をくみあわせて毎日とり、５‐ＡＬＡの体内量を増やしていくことが、コロナの感染予防に役立つだろうと期待もされています。

なお、５‐ＡＬＡは糖尿病の予防と改善、睡眠の質の向上、肌の水分量と弾力性の増加、疲労感の緩和、そしてがんの予防などに効果があるとの研究も進んでいます。

お酒を「百薬の長」にする飲み方

日本酒や甘酒が体によい成分を多く含むといっても、飲み過ぎては害になります。貝原益軒も『養生訓』で「酒をとことんまで飲むとからだを悪くする。少量飲んで不足なのは、楽しみもあり、そのあとの心配もない」といっています。

貝原益軒がお酒の飲み方について釘を刺すのは、江戸時代にも、飲み過ぎて体を壊す人が多くいたからでしょう。

以前、ある酒蔵に取材をした際、「悪酔いしない飲み方」を尋ねてみたことがあります。一つは、お酒を飲みながら、それと同量の水を飲む方法。お酒を1口飲んだら、水を1口飲む。これは、よくいわれることです。

もう一つは、日本酒を水割りにする方法。日本酒を水割りにするとは考えたこともなくて驚いたのですが、「飲みやすくなっていいですよ」と教えてくださいました。

水割りにするとよいのは、純米大吟醸のような高価なお酒ではなく、清酒です。当然、水を入れるので味は薄くなるのですが、そのぶん、料理とあいやすく、飲みやすくなりますし、飲み過ぎも防げます。

清酒というと、大吟醸より格が落ちるように思われがちですが、清酒こそが、酒造りの最高責任者である杜氏の腕の見せ所だそうです。

これは、日本酒メーカーの白鶴酒造での取材で聞いた話です。凄腕と知られた杜氏の方が引退される際、「一樽だけでいいから、自分の好きな酒を造らせてほしい」と社長に頼みました。社長は二つ返事で承諾し、社員たちはどんなにすごい純米大吟醸ができるのかと楽しみに待ちました。ところができあがったのは、二級酒である清酒。そのとき、凄腕の杜氏はこのようなことをいったそうです。

「杜氏の腕は、二級酒をいかに安定させるか、にある。そして、酒の楽しみとは、いかに食卓を盛り上げられるか、にある。純米大吟醸などは、酒飲みのための楽しみでしかない。二級酒がすばらしいのは、和食だけでなく、中華でもフレンチでもどんな料理の味も引き立たせることができることだ。そして、料理とともに家族や仲間との団らんを盛り上げてくれる。そんな二級酒を造りたかった」

この話に感動し、私はある雑誌にコラムを寄稿しました。すると、白鶴酒造がその清酒を送ってくださったのです。辛口というのとは違い、しっかりと味があるのに、和食はもちろんフレンチにも中華にも、どんな料理にもしっくりあうすばらしい味わいで、日本酒とはこんなにもすばらしい飲み物だったのか、と改めて感動しました。

酒は百薬の長、と昔からいいます。そんな造り手の思いを大事に感じながら一口一口味わうことも、お酒を体の害にしたりせず、良薬にする方法の一つでしょう。

おわりに

日本は、世界一の長寿国です。ところが、日本人の健康寿命は長くありません。健康寿命とは、自立した生活を送れる期間のことです。

平均寿命から健康寿命を引き算した年数は、介護などが必要になった体で生きる期間を表します。その期間が男性は9年近く、女性は12年以上もあるのです。このことが、現代の日本で大変な問題になっていることは、ご存じのとおりです。

日本が世界一の長寿国になった背景には、高度に発達した医療があります。そのおかげで、大病をしても長生きができるようになりました。ですが、健康寿命はさほどのびていません。もし現代の医療と江戸の食生活と活動量があわされれば、平均寿命と健康寿命の隔たりがこれほど長くなることはないのでしょう。

私たちが現代医療を抱えてタイムスリップすることはできませんが、現代に生きながら、できる範囲の中で、江戸の暮らしに倣うことは可能です。

江戸っ子も、暴飲暴食をしていた人は短命だったのです。本文の中で江戸にも長寿者が多くいたお話をしましたが、反対に、贅の限りを尽くして早く亡くなった人たちもいます。

私の小説デビュー作『蔦重《つたじゅう》の教え』で描いた蔦屋重三郎は48歳で亡くなっています。蔦重は歌麿や写楽を世に出し、洒落本や狂歌本などでたくさんのベストセラーを出版した版元でした。つきあいが広く、吉原で接待三昧の生活を送り、脚気で亡くなったとされています。

反対に、蔦重とも関係の深かった葛飾北斎は、88歳まで生きています。北斎は暴飲暴食をせず、ご飯、味噌汁、漬物、鰯《いわし》や豆腐といった粗食を常としていました。そういうレベルの食事をしていた人はやはり長生きしていたのです。

もちろん、食事がすべてとはいいません。しかし、健康長寿に食事の果たす役割が大きいのもまた事実。加えて大事なのは、「自分の体には自分で責任を持つ」という感覚でしょう。

江戸では10年も寝たきりのまま過ごすということはできませんでした。そこまで医療も充実していなければ、介護をしてくれる人手もありません。医療費や薬代も高額でした。

現代人のように病気になったらすぐ病院に駆け込むことができなかった江戸っ子は、自分の体の異変に敏感でした。そして、「おなかの具合がよくないから、薬味を多くとっておこう」「便秘だから、蕎麦と芋を食べよう」「疲れがとれないから、滋養のつく八杯豆腐にしよう」などと、食べることで日々の不調をとり除いていったのです。これこそが、食養生の神髄です。

貝原益軒は「もし養生の術を勤めて学んでながく実行すれば、その効果として丈夫になり病気にならず、天寿を保ち長生きして、ながく楽しむことは定まっていよう。この道理を疑ってはならない」といっています。

病気にならないよう養生することと、人生を長く楽しむために、人が行うことは同じです。江戸の暮らしを学んでいると、それがよくわかります。食事という日々の楽しみの中から心身を養っていく方法を、江戸っ子の知恵が教えてくれるからです。

2022年6月吉日

車　浮代

【参考文献】

『腸活先生が教える病気を遠ざける食事術　炭水化物は冷まして食べなさい。』笠岡誠一著（アスコム）
『江戸の健康食　日本人の知恵と工夫を再発見』小泉武夫著（河出書房新社）
『味噌力』渡邊敦光著（かんき出版）
『養生訓』貝原益軒著・松田道雄訳（中央公論社）
『逝きし世の面影』渡辺京二著（平凡社）
『幕末単身赴任　下級武士の食日記　増補版』青木直己著（筑摩書房）
『お腹からやせる食べ方』柏原ゆきよ著（三笠書房）
『自分の腸を見てみたい　免疫博士が生涯をかけて伝え続けた「腸と免疫」の話』藤田紘一郎著（ワニ・プラス）
『江戸料理事典』松下幸子著（柏書房）
『日本の食文化史年表』江原絢子・東西柳祥子著（吉川弘文館）
『MATAZAEMON 七人の又左衛門』
　ミツカングループ創業二〇〇周年記念誌編纂委員会（株）ミツカングループ本社
『料理物語・考　江戸の味今昔』江原恵著（三一書房）
『大江戸食べもの歳時記』永山久夫著（グラフ社）
『料理百珍集』原田信男 校注・解説（八坂書房）
『免疫力を高める　最強の浅漬け』車浮代・藤田紘一郎著（マキノ出版）
『江戸の食卓に学ぶ　江戸庶民の〝美味しすぎる〟知恵』車浮代著（ワニ・プラス）
『1日1杯の味噌汁が体を守る』車浮代著（日本経済新聞社）
『シンプルで粋　今すぐつくれる江戸小鉢レシピ』車浮代著（講談社）

『江戸おかず　12カ月のレシピ　季節を味わい体が喜ぶ』車浮代著（講談社）
『天涯の海　酢屋三代の物語』車浮代著（潮出版社）
『蔦重の教え』車浮代著（双葉社）

【参考サイト】

ダイヤモンドオンライン「旬を楽しみ身体が喜ぶ江戸料理」車浮代
サライ．jp「江戸庶民の食の知恵」車浮代
ヒトサラマガジン「江戸の変わり飯レシピ」車浮代

江戸っ子の食養生

著者 車 浮代
2022年6月5日 初版発行

車 浮代（くるま・うきよ）
時代小説家／江戸料理・文化研究家。企業内グラフィックデザイナーを経て、故・新藤兼人監督に師事し、シナリオを学ぶ。
現在は、江戸時代の料理の研究、再現（1000種類以上）と、江戸文化に関する講演、NHK『チコちゃんに叱られる！』『美の壺』などのTV出演や、TBSラジオのレギュラーも。著書に『江戸の食卓に学ぶ』（ワニ・プラス）、『免疫力を高める最強の浅漬け』（藤田紘一郎と共著／マキノ出版）など多数。小説『蔦重の教え』（飛鳥新社／双葉文庫）はベストセラーに。西武鉄道「52席の至福 江戸料理トレイン」料理監修も。『和食Style.jp』にて「豆腐百珍のすべて」週刊連載中。
車 浮代オフィシャルサイト
http://kurumaukiyo.com

発行者 佐藤俊彦
発行所 株式会社ワニ・プラス
〒150-8482
東京都渋谷区恵比寿4-4-9 えびす大黒ビル7F
電話 03-5449-2171（編集）
発売元 株式会社ワニブックス
〒150-8482
東京都渋谷区恵比寿4-4-9 えびす大黒ビル
電話 03-5449-2711（代表）
装丁 橘田浩志（アティック）
柏原宗績
DTP 株式会社ビュロー平林
編集協力 江尻幸絵
印刷・製本所 大日本印刷株式会社

ISBN 978-4-8470-6194-3
ワニブックスHP https://www.wani.co.jp